久絵と徹の夫婦でダイエット

夫をやせさせる本

入江久絵
Hisae Irie

はじめに

初めまして、入江久絵と申します。

北海道の田舎で暮らしているぐうたら主婦です。

結婚当時、ひょろひょろだった夫が

少しずつ太り始めました。

最初は『幸せ太り』というステキな

表現をされていましたが

それ以降も順調に太り続け、

結婚5年目…

気づけばなんと18kg増!!

結婚一年目♡

てへ♡

幸せ太り♡(?)

ハハハ

ウフフ♡

…もう幸せ太りで
許される体重じゃありません。
それでもやせる気ゼロだった夫が
ある事がきっかけでついに
ダイエットを決意しました！
果たして夫はやせる事が
できるのでしょうか…!?
それでは入江家の
ダイエット奮闘記、
どうぞご覧ください。

結婚五年目
ただの肥満
ボィン
ボィン

やせるぞー!!

こんにちは
北海道のぐうたら夫婦
入江久絵です
久絵
徹
夫の
徹です
早いもので、
今年で結婚5年生に
なりました
結婚後
私達にも
色々な変化が
ありましたね…
ちょっとふりかえって
みましょう…
結婚1年目──
スラァッ…
172cm
58kg
結婚当時、徹は
とにかくやせていました
頭身高めで
おおくりしてます
※草原→
スーツを着たら…
スラーーリ。
どう?
似合う
似合う
〜♡
某ガンマン
ひょろ〜〜ん
そうまるで私の好きな
次元○介のようでした!!
──が!!

半年で5kg太る。
ちょっぴりふっくら♡
ムチ
63kg
まわりからは…
幸せ太りか～？
奥さんの手料理食べすぎか～？
エヘヘ…
コノコノ～
とか言われてたらしいですが――
そういうことでは断じてありません!!
ちょっと失敗しちゃった☆
テヘヘ☆
またか…
実際は私の料理が下手すぎてロクなご飯を食べられていなかったのですから…
悲しい食卓
5キロ増えた分、徹のスラッとさは減りましたが…
さーてテレビテレビ…
スナック
全体的に丸みをおびた
結婚当時の体重は私の方が重かったので
フフフ…
これでもうアゴをタプタプできまい…
スリ…
ムシャムシャ
ようやく同じくらいの体重になり内心ホッとしていました…
――が!!

結婚2年目
ムチィィィィン
徹、また太る。
(ちなみに料理は上達していません)
68kg
ん!?
おかげで結婚当時買ったスーツがパツパツ気味に…!
新しいスーツ買ってぇ
高かったよソレ!!
簡単に言ってくれるなオイ!!
結婚3年目
ゴッキュゴッキュ
変化なし(体重キープ)
ちなみに料理は…(略)
コーラ
68kg
結婚4年目
さようなら…
徹、長年吸っていたタバコをやめ…
えらい!!
更に太る
口さみしいわー
サクサクサクサク
ちなみに料理…(略)
ポテチ
72kg
何か…更に丸くなっちゃったけど、タバコ吸うよりは多少太り気味の方が健康だよね…!?
確かすごいやせてるよりは多少太ってる方が寿命が長いらしいし…
ザラララララ…
ムム
うん! 長寿のためには多少小太りでも仕方ないよね…♡

そして―
結婚5年目
ゴロゴロ…
ポテチを抱えゴロゴロする徹
風呂上がりにコーラ一気する徹
76kg
――こうして徹は更に肥え完全に小太りおじさんになってしまいましたとさ――おしまい――
何でオレの体重ばっかふりかえってんだよ!!
そして何で昔話風!?
徹が肥えるまで
だって〜どうしても気になっちゃうんだよこの腹!!
Before
スーツが似合う
何でも着こなせる
さわやかなふんいき
58kg
5年後
After
全体的に厚さが出てきた
丸〜い肩
おっぱい
ズボンに乗る腹肉
服がパツパツ
76kg
うっ…
18キロ増ってヤバくない!?
なんと18kg増量
もうね…TVとかマンガでよく見る小太りおじさんとかぶるの…!!
これおじさんじゃなくて豚だよねー!?
完全に一致
徹
大将
さめざめ
んな事言ったらお前だって変わっちゃっただろ!!
えっ

老けたっていうか
気抜きすぎ
っていうかさァ…
いってらっしゃい
化粧
整えた髪
早起き
きちんとした
服装
昔はよかったなァ…
ハァ…
いってきまーす
5年後
After
いってら〜
常にスッピン
ねぐせ
ポリポリ
ねぼう
ねまき
(全身ボーダー)
いってきまー…
いや…これはアレだよ
素をさらけだせるように
なったっていうか
自然体というか…
気を使わなくて
いい関係って
ステキだよね♡
だって
楽だし
夫婦って
そんな感じ
じゃないかなあ
……
ん？
スッ…
こういう
感じ希望
渡口満里奈さん
インタビュー
主婦雑誌
どーん
理想
高っ!!

さすがに満里奈はムリがあるだろ…
あっ、髪型ぐらいならマネできる
結構です
全てがステキすぎる…!!
主婦の本
カチーン
じゃあ私はコレ希望ね!!
MOVIE
すいっ
どーん
ジョニー・デップ
来日!!
いや…もう国から違うじゃん…
ジョニデはムリだろうけど今より昔の細い徹の方がジョニデに近かったと思うの!!
ジョニデとの距離
ジョニデ
ものすごい距離
昔の徹
今の徹
何だこのしょーもない図は…
フッ…
まぁオレはやせようと思えばいつでもやせられるけどさ…
禁煙もヨユーだったし…
じゃあ今すぐやせてみせてよ!!
ま、そのうちね～
万年ダイエッター←
スタスタ
ポテチ
コーラ
さ～てゲームゲーム
ダメだこの人…早くなんとかしないと…
ポテチ

もくじ

第4章

第5章

第6章

妻のまとめ

入江家紹介

久絵(28)
徹(28)
絶望的
料理下手
コーラ
ポテチ大好き♡
野菜嫌い
ポテチ

身長	175cm	172cm
体重	けっこう重い	76kg
BMI	標準	肥満
目標といきごみ	−3kgぐらい… 徹のダイエットに付き合って自然とやせたらいいな♡	65kg!! (−11kg) BMIの標準体重まで落としてMサイズに戻る!!!!

第1章

あの頃の体重に

18キロも増量しておきながら、

やせる気ゼロの夫、徹……。

結婚5年目で、このまま

メタボ中年になってしまうのでしょうか。

徹の決意
その昔
徹はオシャレ学生だった…
←パーマ
オシャレな格好
教卓
細いので何着てもオシャレっぽく見えたのです
(妻のひいきめ)
普通のTシャツなのに何となくいいかんじに…
SかMサイズ
シャツやカーディガンなどきれいめも似合う
※美化中につき着ありです
一方久絵は――
田舎から出て来ました!!というかんじ♡
赤ら顔
Lサイズ
もっさり
イマイチあかぬけない感じでした
私も一応はオシャレになろうと努力はしていたのですが…
これがオシャレ…なのか…!?
元々のセンスのなさに加え
ずーん…
体型に合う服が少なかったのです…!!(太さと高身長のせい)
Lサイズおいてる店少ない上にLサイズでも合わないことがよくある
肩幅合ってない…あと丈と袖短いよ…

ハァ〜
君はいいよねー
服えらび放題
でさあ…
ん？
しれっ
じゃあ
やせりゃあ
いいじゃん
それで解決じゃん。
これだから
やせてる奴は…!!
太ってる人の気持ちなんて
わからないんだろう…
そう思いました
結婚後…
独身の頃よりは
服にかけるお金は
減りましたがオシャレさは
キープしていました
これはまだ
イケるなー
きっと彼なりに
昔の服もうまく着回して
いたのでしょう…
——が、18キロ
太った現在——
ムチーン
←学生の頃の服
こんな感じ
です

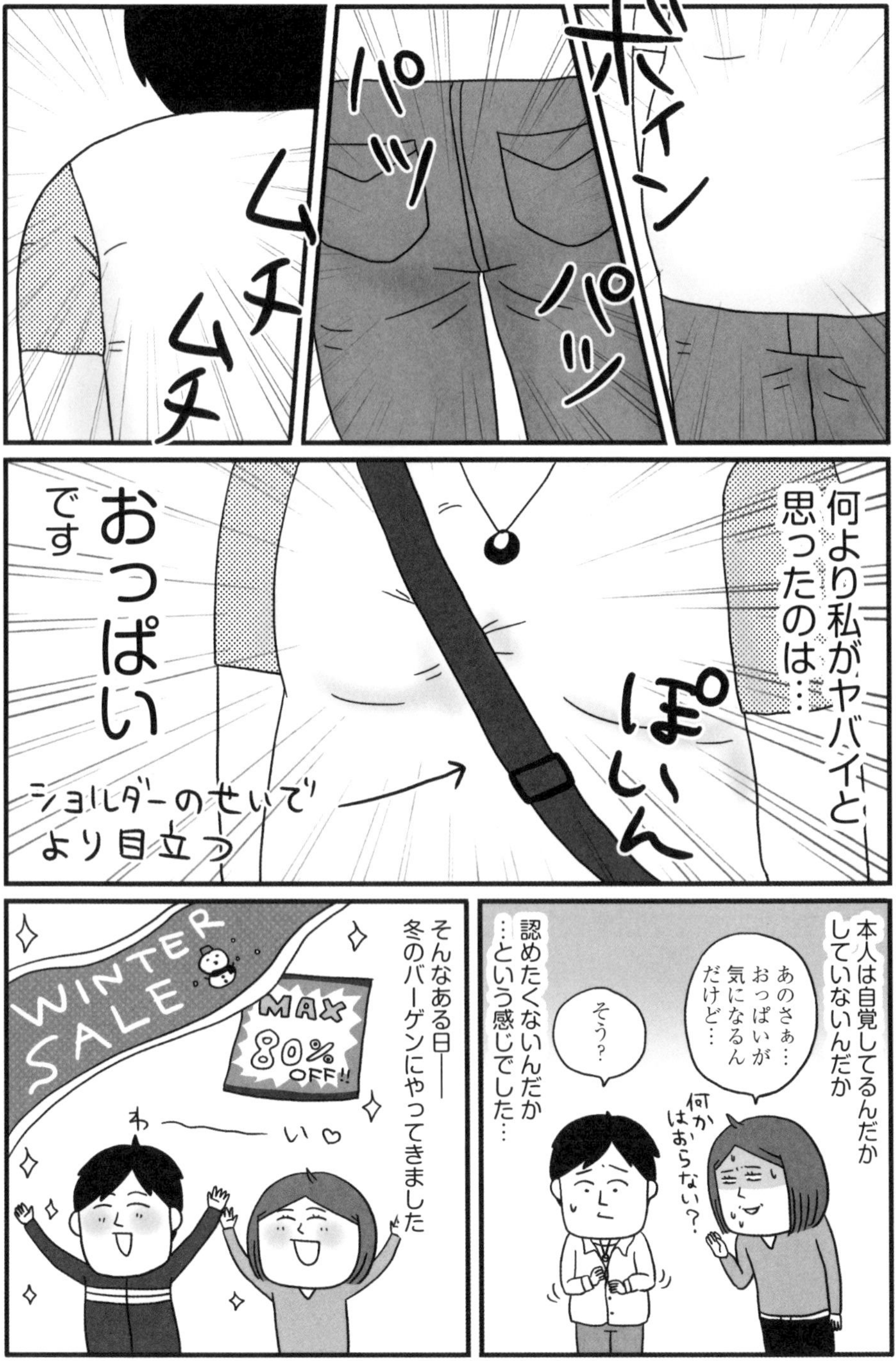
ボイン
パツ パツ
ムチ ムチ
何より私がヤバイと思ったのは…
ぽいん
おっぱいです
ショルダーのせいでより目立つ
本人は自覚してるんだかしていないんだか
あのさぁ…おっぱいが気になるんだけど…
何かはおらない？
そう？
認めたくないんだか…という感じでした…
そんなある日——冬のバーゲンにやってきました
WINTER SALE
MAX 80% OFF!!
わ————い♡

久々の買い物ではりきる徹――
何欲しいの？
ジャケットとカーゴパンツ!!
わくわく
太ってもオシャレ心は忘れていないんだな…と思いました
そんなこんなで徹がいつも見るお店へ――
オシャレな店
いらっしゃいませ
さすがにもうLサイズだろうな――…
もう自分でもわかってるよね…
おっ
これどう？かっこよくない!?
うんいいんじゃない？羽織ってみれば？
えーとMサイズ、Mサイズっと…
まだM着る気――!?
エエエエエ

Lにしといたら？Mはもうキツいんじゃない？
心が傷付くよ♡
ム゛ッ
Mで大丈夫だよ!!
そして…
ゴソゴソ
あ〜あ…
……!!
ぱっつん
ぱっつん
ガーン
やっぱそうなるよなぁ…
いやあ〜〜君もいよいよこちら側(Lサイズ・合う服なくて困る)だね!!
HAHAHAHA
お互い頑張ろうぜ、ハハハ
ポン
Lサイズなんてメンズは普通にあるしぃー!!困らないしぃー!!
甘いな…

その後Lサイズを
着てみたものの…
ずううううん
袖と丈が長い
だぼっ…
イマイチしっくりこず…
ようやく自分の体型の
ヤバさに気づいたようで
ありがとうございましたー
元気出せよ…
プルプル
結局
何も買えず出てきました…
服好きの徹は
これが相当ショック
だったらしく
オレ…
やせるわ!!
Mに戻る!!
バーン
おぉ!!
ついにやる気に!!
そんなこんなで
徹の本気ダイエットが
スタートしました
長年のダイエット
知識でサポートして
あげるから！
任せとけ！
…その知識で
長年
やせてない
んでしょ？
うるさいよ!!
さて
どうなることやら…

妻のまとめ

徹、最高に肥える

※ドラクエに登場するモンスターです。

家の中にモンスターが!?

と思いきや、お風呂上がりにパンツ一丁で

くつろぐ徹の腹部でした。

…なんとしても徹をやせさせなければ…!!

そう決意した瞬間でした。

ダイエット開始
——で どうやって やせるの？
ジッ
と聞いてみたら
自信満々で
こう言われました
食事制限で!!
ほうほう 他は??
食事制限のみ!!
え〜〜〜？
運動とかしないの？
基礎代謝を上げなきゃダメってよく聞くじゃん!!
男のダイエットイメージ図
フンフンッ
フンッ
フンッ
腹筋
ダンベル上げ
腕立て伏せ
え——……
何で水兵？
いいのいいの！
オレは食事制限だけでやせられるし！
その自信はどこから…
よっぽど運動したくないんだな…

まあ なんだかんだで
禁煙も自力で成功
させてるしなァ…
そんなに口出し
しなくても大丈夫
かなァ…いや!!
ダイエットは
そんな甘いもん
じゃないぞ!!
レコーディング
ダイエット
だっけ？
○月×日 76.2kg
朝 トースト1枚 サラダ、コーヒー
昼 山菜そば
夜 カレーライス ゆでたまご アイスクリーム
○月×日 76.0kg
朝 コーンフレーク 牛乳
昼 ザンギ定食
あ、毎日体重と
食べたもの
記録したら
良いっていうよ！
それもやらない？
えー…
いいよ
めんど
くさい…
万年
ダイエッター
あんた…
ダイエットは
そんな甘くないよ…
体重だけでも
つけようよ
ねぇ？
わ…
わかった わかった
体重だけね!!
よしっ
このカレンダーに
毎日書くんだよ!!
がんばれ
よ〜!!
○月
ハイ
ハイ…
こうして
「毎日体重記録」と
「食事制限」で
ダイエットすることに

夕食
ごちそーさま
え
もういいの??残すの!?
それぞれ ひとくち ふたくち程 残している
うん やせるし
そりゃそうだけど…
今までごはん残すのを見たことなかったのでビビっている
さーてゲームでもするかな〜
スタスタ
……
取っておくには少なく 捨てるのはもったいない…
ゲフ…
仕方ない…
おなかいっぱいだけど片づけるか…
これのせいで私が太りました

ご飯チョイ残しの他にも健気に頑張る徹――
いつも1袋 余裕でたいらげていたポテチを何回かに分けて食す徹
キュッ キュッ
真面目に毎日体重を記録する徹
ザラ～
ゴキュゴキュ
大好きなコーラをダイエットコーラに変えた徹
DIET
コーラ
徹超健気!!
いいいいいいん
そして2週間
ピッ
いよ――し!!
ついに3キロ減!!

ダイエット…余裕だわ
フフ〜ン
ふ〜ん…
ハハハ…
何か悔しくて素直にホメられない
しっとしてる場合じゃない!! ここでホメてその気にさせとかないと…!!
いや〜 もう3キロもやせちゃうなんてホントすごいね!! なかなかできないよ!! さすが徹♥ 日本一!! 大統領!! チャンピオン!!
↑思いつく限りの賛辞
フ〜ゥ
うざいよ
そして3週間目
変化なし
73.0kg
……
停滞期(?)突入
あ〜〜 停滞期ってやつだね… ここを乗り越えればまた減るからがんばれ!
ペラペラ
ハァ…
…うん…

少々凹みつつも頑張る徹でしたが…
ピッ
減らず
ピッ
減らず
ピッ
減らず
4週間目
あれ？
体重最近つけてないじゃん
おーい徹〜〜〜…
ええ〜〜〜!?
でーん
パリパリ
うめえ
ポテチ
ふつうのコーラ
こうして徹の本気ダイエットは幕をとじました——
徹76kg

妻のまとめ

徹、リバウンドする

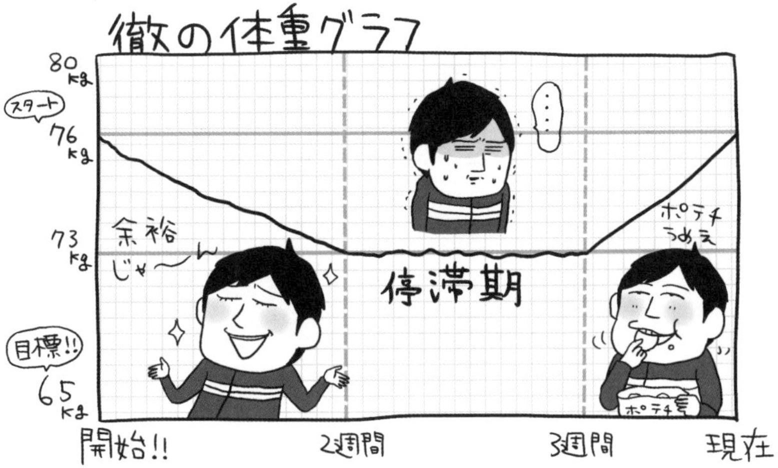
徹の体重グラフ
80kg
スタート
76kg
73kg
目標!!
65kg
開始!!
2週間
3週間
現在
余裕じゃ〜ん
……
停滞期
ポテチうめえ
ポテチ

徹が早々に３キロやせた時は
「こんなに簡単にやせられるものか !?」と
万年ダイエッターとしては微妙な心境でしたが、停滞期に突入、
挫折したところを見て「やっぱりそうなるよね〜 !?」と
ちょっと安心しました。
（安心している場合ではないんですが…）
やっぱりやせるのは大変なんだなと
再確認。と同時に、
「本当に徹をやせさせることができるのか？」
という不安もひしひしと感じました…。
万年ダイエッターという頼りに
ならない肩書ではありますが、
サポート役頑張って
いきたいと思います !!

やる気

ダイエット再開
数日後…ダイエット熱も冷めかけた頃
あら
本屋さんで気になる表紙を発見しました
ははっ見てコレ！君もそろそろこうなるんじゃない!?
死なないぞダイエット
ボイーン
さすがにここまではならんよ!!
多分…
男の人向けのダイエット本みたいだねー
どれどれ
パラッ
……
まだ…
まだイケるよな…？
それよりはマシだよね…？
ちょっと買ってくる!!
スタタ
タタ…
あっ…
帰宅後
ホウ

何か いいこと 書いて あったか～？
←風呂上がり
あんた… アイス 食べてる 場合じゃ ないよ…!!
死ぬよ …!!
物騒だな オイ
死なないダイエット
何て 書いて あったん だよ！
どーん
デブは 早死に するから やせろ
って…
ストレート すぎんだろ!!
いや 本当に そう書いて あるん だって～～～
もうちょっと オブラートに 包む感じで 優しくていねいに 言ってください
徹（太りすぎ）の末路
わかりやすく言うと こんな感じかな
ステータス ・ひまん ・べんぴ ・メタボ
Aルート
肥満・高血圧・高血糖等により
突然死確率UP
ある日いきなり死亡
（心筋梗塞・脳梗塞等）
BAD END ①
Bルート
ひっそりと 糖尿病発症
（自覚症状があまりないので 気付きにくい）
合併症出る
網膜症（最悪失明）
神経障害（最悪足切断）
腎症（週2-3回人工透析）
BAD END ②
全部BAD ENDか… ようしゃねーな

※『死なないぞダイエット』より

その辺の事はこの本に全部書いてあるから
結局何もわかってないんだな…
フフフ…
死なないぞダイエット
1時間後——
なるほどねーこれならオレもできる気がする…
わくわく
ねっそんな気になるよね！
私もこれからは料理頑張るから…徹死んだら困るし…
今まで手抜いてたんだなやっぱり…
ちょっぴり反省…
よし!! 2人の健康で幸せな未来のために!! 協力してやせるぞー!!
目指せベストエンディング
聞いてて恥ずかしいんだけど それ
やめて!!
というわけで今度は私もサポート役頑張ります!!
とおる
ひさえ
ようやく本気ダイエットスタートです!!

『死なないぞダイエット』より

計るだけダイエットのやり方

今回チャレンジしたダイエットは、朝起きた時と夕食後の２回、体重を計ってグラフに記入するだけの「計るだけダイエット」。簡単なのに成功率が高いという夢のようなダイエット法です。意志の弱い徹でも、これならできる！！

用意するもの

●体重計
デジタルタイプで、50～100グラム計のもの

●グラフ

だけ！

このダイエットのいいところ

- リバウンドしない!!
- 挫折しにくい!!
- お金がほとんどかからない!!

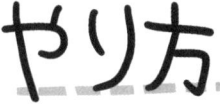

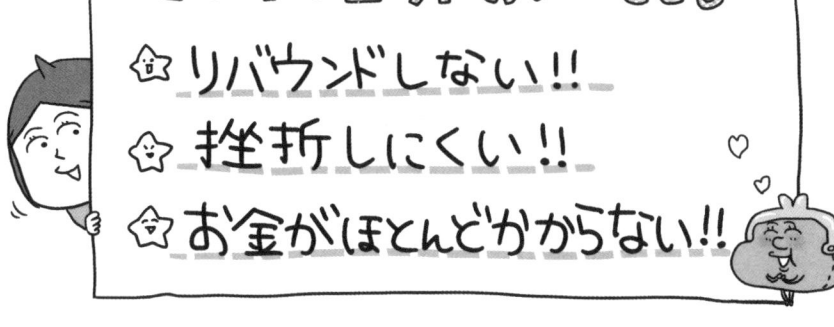

Step 1

朝食前に、体重を計る

起床して、排尿・排便をしたあとの「一日のうちで一番軽い体重」を計ります。

Step 2

体重をグラフに記入

体重を計ったら、
本についているグラフに記入。

Step 3

夕食後、体重を計る

夕食直後の「一日のうちで一番重い体重」を計ります。仕事や用事などで、夕食後直後に計れない場合は、寝る直前でもＯＫです。

Step 4

体重をグラフに記入

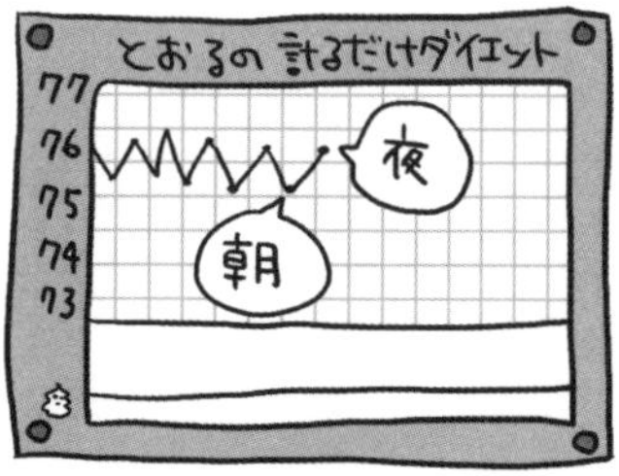

ダイエットシートの書き方

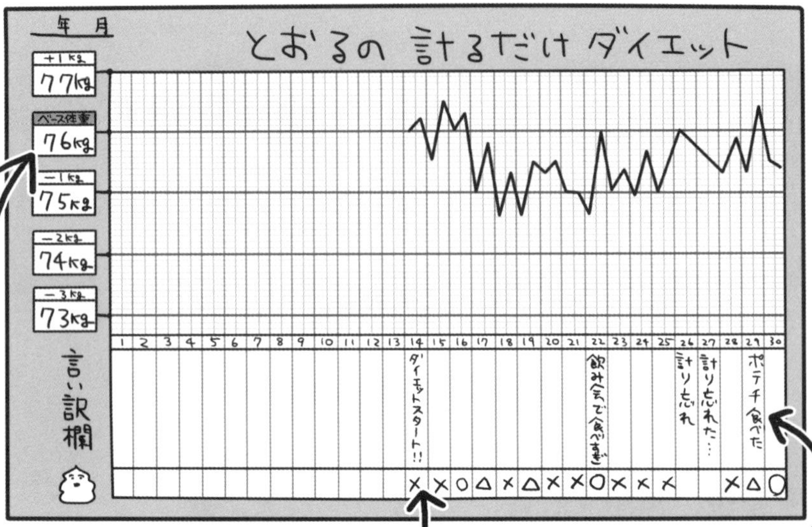

ベースの体重

ダイエットスタート日の四捨五入した体重を「ベース体重」欄に書き込みます。続いて、ベース体重からプラス１キロ、マイナス１キロした体重をそれぞれ記入します。
右下がりにゆっくり下がっていけばダイエット成功、も見えてきた！

便通

便通の有り無しや、一日のトータル歩数など、自由に使ってＯＫ。

言い訳スペース

体重が増えてしまったり、計り忘れたときなどの「言い訳」を書き込みます。言い訳にはダイエットの挫折を回避する効果もありますので、隠し事なしで！

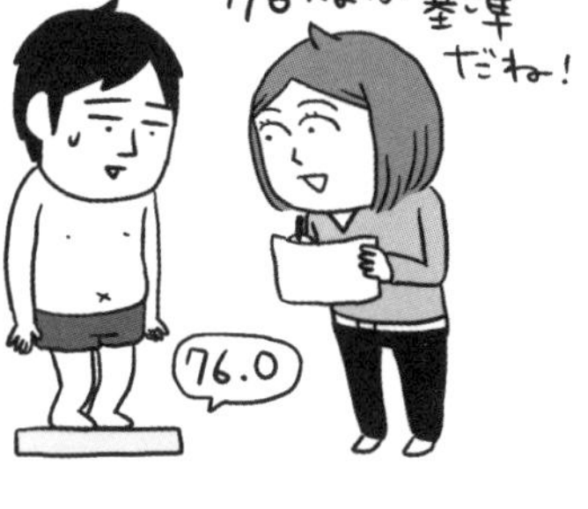

ダイエットを成功させる３つのポイント

Point 1
体重計に乗るタイミング

男なら
パンツ一丁!!

朝は、排便・排尿を済ませたあと、夜は夕食後の２回。仕事の理由で夕食直後に計れない場合は、毎日寝る直前に計ってもＯＫ。ポイントは、毎日同じタイミングで計り、同じ服装で計ること。パジャマや下着姿など、決めておくといいですね。

Point 2
体重を計り忘れたときでも！

ついつい忘れてしまうことは、あります。計り忘れに気づいたら、時間に関係なくまずは計り、グラフに記入しましょう。そして、言い訳欄に、計った時間を書いておくと良いでしょう。計らずに空欄にしてしまってもかまいませんが、頻発するとグラフの意味を失って、ダイエットも失敗してしまいます。まずは、言い訳でも何でもしながら埋めること。

とにかく
埋めて!!

Point 3
体重を減らす目安

１日の減量は、50 ～ 100 グラムが目安です。これはだいたい卵１個分。このペースを続ければ、１ヵ月で 1.5 ～３キログラム減という理想的なダイエットに。体重を少しずつ落とすやり方は、リバウンドしたり挫折してしまう心配がほとんどありません。オススメです。

１日
−50〜100g

やせてる秘密
友人Mが家に泊まりに来てくれました
久しぶりー♡
3日間よろしく♡
スラァー
…Mはデスクワークばっかりな仕事なのに常に細いです
何故Mがやせてるのか…この3日間でやせてる秘密をあばくのよ!!
おうよ!!
わー
ぐっ
食事量
ふー満腹!!
ごちそうさまでした♡
えっ もういいの?
少ない
間食
おまんじゅういかが?
今お腹一杯だよ~
しない or 少ない
結論
こりゃやせてるわけだ…
そしてオレらが肥えてるわけだ…
えっ
えっ
Mと入江家の体型の差 = 食うか食わないかの差
ハア——……

第2章

食事改造でやせる

好き嫌いが多い上に味にうるさい徹。

自他共に認める料理下手の私。

徹から苦情が来ず、しかもヘルシー！

…そんなすてきな料理を、私に

作る事ができるのでしょうか……。

入江家の食卓
体重をグラフにつけるようにしてから2週間…
5月　とおるの計るだけダイエット日記
77kg
76kg
75kg
74kg
73kg
言い訳
うんこ
いやぁ~~~…なかなか減らないねぇ…
ココなんて逆に増えちゃってるじゃん‼
もっと気合い入れてくれないと‼
とおる
……
その辺はお前にたこ焼きを3日連続で食わされたとこだよ‼
今日はたこ焼きパーティだよ♡
わーい
（生地作りすぎて余っちゃったから）
今日もタコ焼きパーティーだ‼
え～…
×2日
そりゃ太るよね
え～たこ焼きで太るかなぁ…私は増えてな……
……
ひょい
とおるの
ひさえの
粉モノは太りやすいって本当なんだね‼
今後気をつけよう徹君‼
自分も同じように増えてた→
お前が気をつけるんだよ…

その日の夜…
さーごはんできたよー
ゴトリ
……
そもそもさあ…
このメニューじゃやせるわけないよね…
ずぅ～ん
何コレ
……
水
かにかま
ごはん
フライパン
焼肉（メイン）
えっ？栄養満点ですてきな夕飯じゃない？
どの辺が⁉
今日なんておかず焼肉だけじゃん‼バランス悪すぎだよね？
しかもフライパンのまんま出てきちゃうしさぁ…お前料理頑張るんじゃなかったの⁉
ペラペラ
ペラペラ
あ～あ…
ついに苦情来ちゃったか…

私だってうすうすは気づいてたんですよ…
品数少ないって…
バランス悪いだろうなって…!!
でも…
徹君よ…君好き嫌い多すぎなんだよ…
NO THANK YOU
美味
あとねー
「メシがマズくてもほめて食え
それが礼儀だ
このうつけものが!!」って
伊達政宗が言ってた
好き嫌いのせいで作るものは限られるわダメ出しされるわでもういやになっちゃったんだよー!!
うわぁあん
好き嫌いについては申し訳ないけどさ…
せめておかずはもうちょっと作ってよ…
焼肉だけ、とかどうなの今日
え？
カニカマも出しといたじゃん
そっ…
それも一品に数えちゃうの!?
ギャース力言われちゃったけどそこまでヤバいかなあ…
ちょっとふりかえってみるか…
昨日は親子丼…
(とカニカマ)
一昨日は…………
……
……
という事で1週間食事をカメラに納める事にしました
カメラ越しに見るとますますおいしくなさそう…
パシャリ

1週間後――
1日目
昼：ソーメン
夜：スパゲティ（ミートソース）
チーズ
メモ：めん類ばっかりだと苦情が来る
2日目
昼：チャーハンとサラダ
夜：お好み焼き
3日目
昼：お好み焼き（前日の残り）
夜：しょうが焼き
メモ：昼に「またかよ…」って顔をしていた
4〜6日目
昼夜：カレーライス
＋玉子
＋ウインナー
＋サラダ……等、バリエーション広がる
メモ：もうカレーは嫌だと苦情が来る
7日目
昼：ホンコン焼きそば（徹の好物）
夜：ジンギスカンとちくわ
メモ：他に何かないのかと苦情が来る
……
肉と炭水化物しか出てないなコリャ!!
こうしてようやくヤバさを自覚したのでした…

品数を多くして
バランスも
良くしないと…
ウーム　ハードル
高いなァ…
健康レシピ
おっダイエット
番組始まった
♪ジャジャーン
ビューティdiet
今回の
依頼人は、
○○さん○歳
おぉ…
なかなかの
ふっくらさん
ですな…
彼女の
食生活を
のぞいて
みると――
皿にたっぷり
盛られた
ホイコーローと
ヤキソバ
ホカホカ
ドーーン
コレ…
うちと
あんま
変わらない
かも…!!
先生 これは
いかがでしょう
か？
大皿料理というのは
好きなものばかり
食べてしまいますし
どれだけ食べたか
はあくしにくく
つい食べすぎてしまう
ので、ダイエットには
良くありませんね
です
よね〜…
じゃあどうしたら
良いんですか先生
…!!
そこで先生が
提案したのが…
ぐぐっ
ジャーン!!
この〝食事
プレート〟
です!!
牛乳
チーズ
貝
海そう
豆
肉
絵のとおり
おかずを入れる
だけでバランス
良く適量
食べられます
こうして
○○さんは
40キロのダイ
エットに成功
したのです!!
ムリ
でしょ…
あーガッカリ
何品作らなきゃ
ないんだよ…
まぁ大皿料理がダメって事は
わかったからやめなきゃ…
でも1人分ずつ
皿に盛るのは洗いもの
増えてイヤだな〜…
クつもくぼみが
あるよ!!
かといってあのお皿
埋める自信全くないし…
ゴロゴロ…
あ!!
そうだっ!!
ガバッ

確か昔
カフェごはんに
憧れて買った…
ゴソゴソ
あった！
ジャーン
ランチ
プレ〜ト〜!!
通販で
1枚400円でした。
このお皿を
全部埋めて
汁物をつければ
夢の一汁三菜…!!
3菜
1汁
前は3品作るのが
しんどくて早々に
飽きちゃったけど…
ゴゴゴ
ゴゴゴ
今回ばかりは
徹の健康と
ダイエットの
ために頑張る
よ…!!
ぐっ
そして——…
で…
できた…!!
やっと
埋まった…!!
フゥ〜
ごまだれ
冷奴
サラダ
しょうが
焼き
一汁三菜!!
カフェっぽくは
ないけど前よりは
健康的な
気がする…
ごはん
だよ〜

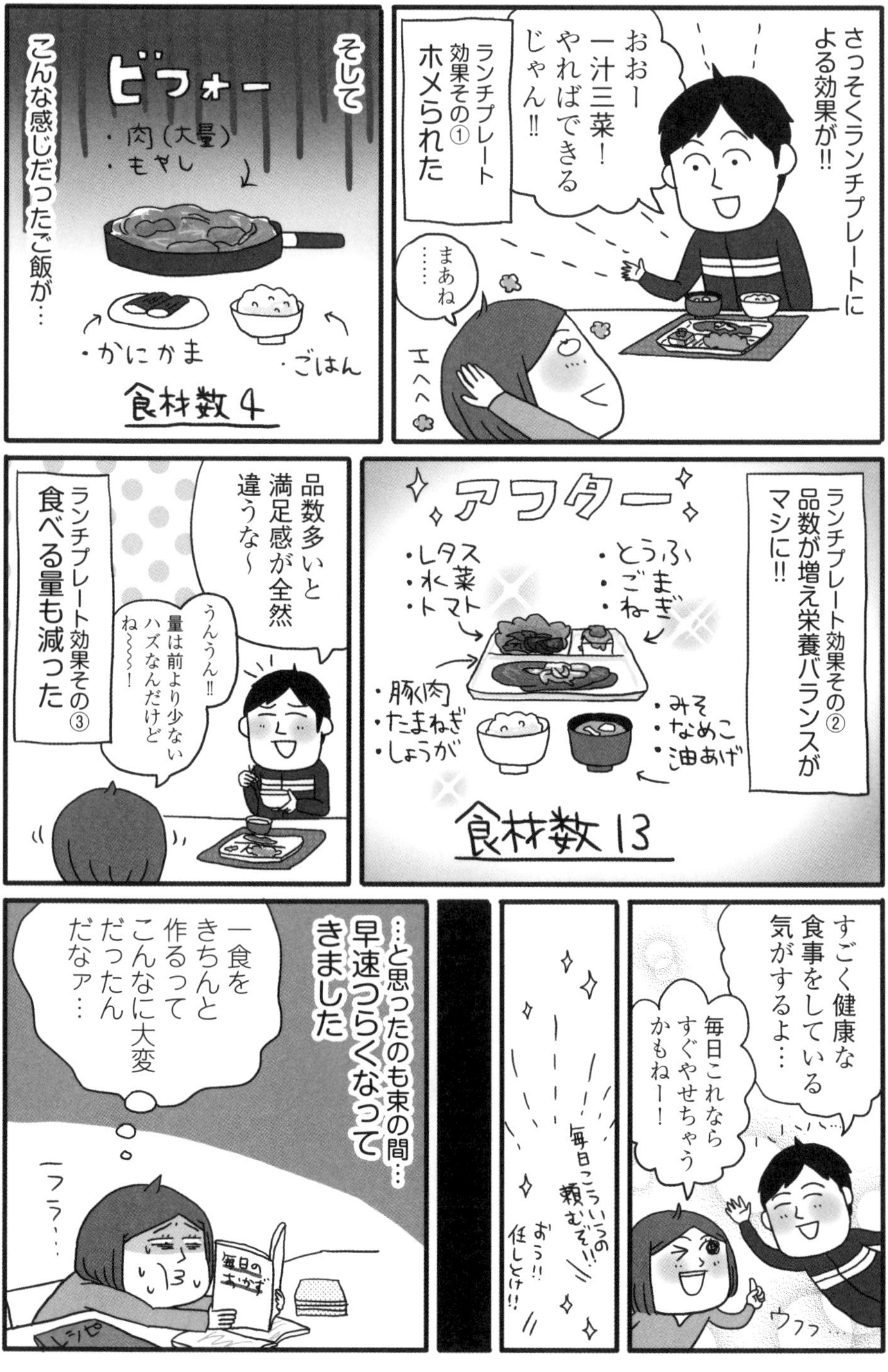
さっそくランチプレートによる効果が!!
おおー一汁三菜!やればできるじゃん!!
ランチプレート効果その① ホメられた
まあね……
エヘヘ
そして
ビフォー
・肉(大量)
・もやし
・かにかま
・ごはん
食材数4
こんな感じだったご飯が…
ランチプレート効果その② 品数が増え栄養バランスがマシに!!
アフター
・レタス
・水菜
・トマト
・とうふ
・ごま
・ねぎ
・豚肉
・たまねぎ
・しょうが
・みそ
・なめこ
・油あげ
食材数13
品数多いと満足感が全然違うな〜
うんうん!! 量は前より少ないハズなんだけどね〜〜〜!
ランチプレート効果その③ 食べる量も減った
すごく健康な食事をしている気がするよ…
毎日これならすぐやせちゃうかもねー!
ウフフ
毎日こういうの頼むぞ!!
おう!! 任しとけ!!
…と思ったのも束の間… 早速つらくなってきました
一食をきちんと作るってこんなに大変だったんだなァ…
フラ…
毎日のおかず
レシピ

そもそも
メインの他に
何作っていいか
よく
わかんないし!!
メイン作った
時点で気力
使い果たすし!!
時間もないし!!
ムムム…
苦しみつつも何とかお皿を
埋めていたのですが…
・とり肉焼いたやつ
・サラダ
・きんぴらごぼう
・サンマ
・ほうれん草おひたし
・えのきのベーコンまき
食べ合わせは
よくわからん
から…
せめて
食材数多く
して、バランス
良く…!!
お手軽一品
どんどん間違った方向へ
向かい…
・肉じゃが
・ポテトサラダ(２日目)
・ヨーグルト
・ジンギスカン
・ポテトサラダ
・ハム(そのまま)
ハァハァ
盛る必要のないものを無理矢理盛っている
とにかくこの
空きスペースを
埋めるんだ
っ…!!
塩辛
そして…
何コレ
何って…
キリッ
君の大好物の
ちくわと
カニカマ
だよ!
遠慮せず
食べて
くれ!!
ナキ
ステーキに
盛り付けて
みました♡
キリッ!
じゃねーよ!!
最終的には
元どおりに
なっちゃいました

妻のまとめ

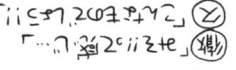

ランチプレートで一汁三菜!!

一汁　三菜

達成感が得られ、食事バランスも向上（?）、そのうえ洗いものが減るこのランチプレート!!　今のところ３スペースを埋めるのがつらいですが、オススメです。

中スペース
サラダ的なものの指定席!! 野菜を切らすとチクワに代わりステキ感激減。
ムダな抵抗
ちくわ盛りつけ例
竹風
蔵風
刺身風
小スペース
地味に一番困るスペース。副菜を入れようとは思うんですが主菜で力尽きる事が多いです。
つけものとか
ウインナーとか
つくだ煮とか
大スペース
肉、魚等のメインおかず。ここさえちゃんとしていれば苦情が来ません。多分!!

本当はごはんもランチプレートに盛りたかったのですが「食べづらい」と不評のため、ごはんは茶わんに盛っています。

みそ汁食べ比べ

お手頃価格!!　満足度★☆☆
みその中に具が入ってるタイプ
（10食100円以下）
徹「みそ!!って感じ…」
久「こんなものでしょう!!」

ちょっぴり高級!!　満足度★★★
みそと具が分かれてるタイプ
（10食250円ぐらい?）
徹「これはウマイ!!」
久「自分で作るよりウマイ…」

ちょっとめんどい　満足度★★☆
手作りみそ汁
（だしは粉になってる奴ですすいません…）
徹「うん、ふつう」
久「ふつうって…」

おかずの自信がない時!!
この「みそと具が分かれているタイプ」のみそ汁を出すと、
苦情が来にくいような気がします…。

一汁三菜＝苦行
こんな時に
ド●えもんが
いてくれたらな～…
未来の科学力!!
コレでもいい♡
『グルメテーブルかけ』出して
もらって即解決なんだけどな～…
何でも好きな食べものが出てくるテーブルかけ
まだ22世紀じゃないし
もうしばらくは
現代のひみつ道具に
頼るしかないか…
フ～～…
――という訳で
お料理グッズ売り場
やってきました
キッチン
じゃ
ん
料理は好きじゃ
ないけど
見る分には
楽しいんだよね
なんだかんだで
私も主婦なのね
ウフフ
あらかわいい♡
おっ何々
人気
Ｎｏ．１!?
人気No.1
あ～ル●エ
かぁー
去年買おうかと
思ったけど
異常に高くて
やめたん
だよね～…
確か５千円
ぐらい
してて…
人気No.1
レンジで簡単!
ヘルシー料理
忙しいアナタにピッタリ!!
特価
うおおおお!!
値下がり
してるー!!
っていうか何か
色々ある!!
シリコングッズ
だらけだ!!
3000円

で、買っちゃいました
ル●エっぽいシリコンスチーマー（ケチった）
レシピ付きで
2200円
スチームレシピミニBook
付属のレシピがあまりそそらなかったので
おおお!!
ネットで調べたら出てくる出てくる!
レシピの中でもすぐ作れそうな「チャプチェ」を作ってみることに
作り方
①牛肉に下味をつける。
ゴマ油 小さじ1
さとう 小さじ1
すりおろしにんにく 小さじ1/4
しょうゆ 大さじ1/2
牛肉薄切り 80g
②野菜を切ってスチーマーに入れる。
にんじん（千切り）
ピーマン
にら
もやし
もやし
※硬いにんじんを一番下にする
③①の肉を上にのせて
フタをして…
④600Wで4分
その後 フタをあけずに2、3分蒸らす。
ドキドキ
ブイーン
完成!!
ホカホカ
10分もかからないで一品できた!!
おおーー!!

さ〜ごはんごはん！今日はチャプチェだぞ〜
シリコンスチーマーで作ったんだよ♫
チャプチェって何？
何って……さぁ？
知らんけどまぁ食べてみようよ!!
ホラホラ
不安だ…
パク
こ…これは…!!
野菜に肉のうまみが染みて美味いっ…!!
しかもシャキシャキだけど生ではない
この絶妙なもやしの火の通り具合…!!
これこそ野菜のアルデンテ…!!
こんな料理が簡単に作れてしまうなんて…
シリコンスチーマー恐るべし…!!
……
2日後
…あのさあ…
ハマったからって同じようなの連続で出すのやめてくんないか…
ヘルシーだし♡
えおいしいからいいじゃない
チャプチェ3日目
正直オレ…これあんまり好きじゃないんだよね…
え

人がこんなにやる気になってるのに文句ばっかだな君は…
プルプル
イヤイヤやる気なのはうれしいんだけどホラ…元々野菜あんまし好きじゃないじゃん？
もっとこうガツン!!としたのが食べたいのオレは!!
ハンバーグ
牛丼
豚の角煮
ガツン
シリコンスチーマーって野菜しか蒸せないの？
そういえば他にもレシピいっぱいあるんだっけ…でもヘルシー系ばっかなんじゃ…
タン
カチャカチャ
ハンバーグ 牛丼 カレー 角煮ピラフ 豚汁 エビチリ パスタ…男の人が好きそうなのが出てくる出てくる！
シリコンスチーマー レシピ
・カレー ・さばみそ煮 ・ミートソース ・ミートローフ ・ハンバーグ ・ドライカレー ・牛丼 ・トマトリゾット ・カルボナーラ ・おこわ
何でも作れます
おお…!!
ためしに「豆腐チゲ」を作ってみましたが作り方は材料切ってスチーマーに入れてチンするだけ…
スゴイ簡単だったけど本当においしいのかなコレ…
ブィーン
逆に不安に
おーウマイウマイ
え？本当―!?
これが予想以上に好評！

その後も何品か作ってみましたがほとんど好評ですっかりシリコンスチーマーのトリコに!!
フタがとれて底が深いタイプのスチーマー
2000円
最初に買ったスチーマーの底が浅くてふきこぼれやすかったので
一番気に入ってます!!
ネットのレシピもおいしいけど、プロのレシピを見たかったので!
評判の良いレシピ本
男のごちそうスチームレシピ
シリコンなべつきレシピ本
シリコンスチームなべ付き
ついてます!!
付属のなべ用レシピなので失敗が少ない気がします!
次々とシリコンスチーマーグッズを買いそろえるのでした…
これさえあればもう料理は怖くない!!
一生ついてゆきます…
ありがとうシリコンスチーマー様これでようやく苦しみから解放されます…!!
——と思ったのも束の間
いったたっきまーす♪
全品シリコンスチーマーで作ったおかず
…こげ目ついたもの食べたい…
ボソ…
あと揚げものも食べたい…
ブチッ
私の苦しみはまだまだ続きそうです…
徹 74kg

うまい!!

徹も文句無し!! オススメ!!

シリコンスチーマーレシピ

作り方

❶豚肉は５cm幅に切る。豆腐は６等分する。チンゲンサイ、万能ねぎ、キムチは５cmに切り、長ねぎは２cm幅の斜め切りにする。
❷鶏ガラスープにみそと酒を溶かす。
❸シリコンスチーマーに①の豆腐、長ねぎ、豚肉、キムチを入れて②とごま油を加え、ふたをして600Wで５分加熱する。
❹取り出してチンゲンサイと万能ねぎを加えて再度ふたをし、600Wで２分加熱する。
❺すりごま、いりごまをふり、辛さが足りない場合は粉唐辛子を加える。

豚バラ うまい♡
野菜と豆腐も たくさん摂れて よさげですね!!

材料

豚バラ肉スライス…100g
木綿豆腐…１／３丁（100g）
チンゲンサイ…１把（100g）
長ねぎ…30cm（30g）
万能ねぎ…10本（30g）
キムチ…100g
鶏ガラスープ…200cc
みそ、ごま油…各大さじ２
酒、すりごま…各大さじ１
いりごま…小さじ１
粉唐辛子…適量

豆腐チゲ

パパっともう一品

ピリ辛コンニャク

材料

コンニャク…１／２枚（150g）
酒…大さじ１と１／２
砂糖…大さじ１
しょうゆ…大さじ２
かつお節…大さじ３（３g）
七味、一味など…適量

作り方

❶コンニャクは味が入りやすいように表面に斜め格子に切り込みを入れ、熱湯をかけてあく抜きし、２cm角に切る。
❷シリコンスチーマーに①を入れ、酒、砂糖、しょうゆを入れ、ふたをして600Wで３分30秒加熱する。
❸たれをよくからめてかつお節をかけ、七味や一味をふる。

何か好きなんだよね コレ
何でかコレ好きだよね

『男のごちそう　スチームレシピ』shigekoさんの本から作りました。
（豆腐チゲ、ピリ辛コンニャク、中華風肉味噌豆腐、エビチリ、麻婆豆腐）

キーマカレー

ナマステ

作り方

❶玉ねぎ、にんじん、ピーマンは
みじん切りにする。
❷シリコンスチーマーに
ひき肉をほぐしながら入れ、
①の野菜、トマトジュース、
Aの調味料を加えて混ぜ合わせる。
❸ふたをせずに
600Wで8分加熱する。
レンジから出して全体をよく混ぜ、
ふたをして3分蒸らす。

材料

豚ひき肉…150g
玉ねぎ…1／4個（50g）
にんじん…4cm（50g）
ピーマン…大1個（50g）
トマトジュース…1／2カップ

A
- 顆粒コンソメ…大さじ1
- 小麦粉…大さじ1
- カレー粉…大さじ1
- ウスターソース…小さじ1

ごはん　適量

徹がピーマン嫌いなので、ニンジンタマネギ増やすか、セロリなど他の野菜で代用してます…

うまいけど毎日のように出すのはやめてくれ…
3日目

中華風肉味噌豆腐

ニイハオ

材料

豆腐…1／4丁（75g）

A
- 豚ひき肉…100g
- 甜麺醤、酒…各大さじ1
- 砂糖、しょうゆ…各小さじ2
- しょうが（すりおろす）…1／2片（5g）
- 長ねぎ（みじん切り）…3cm（10g）

作り方

❶豆腐は水気を切り、半分に切る。
❷Aをよく混ぜ合わせてシリコンスチーマーに入れ、ふたをして600Wで3分加熱する。取り出してよく混ぜ合わせる。
❸①に②をかける。

肉味噌はゴハンにも合うねー
いつもの冷ややっこがごちそうに見えますな…

エビチリ

エビ大好き♡

材料

エビ（無頭、殻つき）…８～１０尾（１５０g）
トマト…１個（２００g）
酒、片栗粉（下味用）…各大さじ１
塩、こしょう（下味用）…各少々
にんにく…１／２片（５g）
しょうが…１／２片（１０g）
長ねぎ…１／５本（２０g）

A
- 豆板醤…小さじ１
- トマトケチャップ…小さじ１
- ごま油…小さじ１
- 鶏がらスープ…大さじ２
- 酒…大さじ１
- 砂糖、酢…各小さじ２
- 塩…ひとつまみ
- こしょう…適量

水溶き片栗粉…大さじ１
（小さじ１の片栗粉を大さじ１の水で溶いたもの）

作り方

❶エビは殻をむき、背に浅く包丁を入れ開いて背わたを取り、下味をつける。トマトはざく切り、にんにく・しょうが・長ねぎはみじん切りにする。（長ねぎは飾り用に小さじ２杯分を残しておく。）
❷Ａをよく混ぜる。
❸シリコンスチーマーに①を入れ、②を回しかけ、ふたをして６００Ｗで５分加熱する。
❹水溶き片栗粉を入れて全体をさっくりと混ぜ合わせ、たれとエビをしっかりなじませる。飾り用の長ねぎをふる。

調味料を計るのだけちょっと大変でした
フー

パパっともう一品 なめたけ

材料

えのき…大１パック（２００g）
めんつゆ…大さじ３
酒…大さじ１
みりん…大さじ１

作り方

❶えのきの石づきを取り、３等分する。
❷シリコンスチーマーに入れて、調味料を回しかけ、軽くあえる。
❸６００Ｗで３分加熱し、３分ほど蒸らす。

大根おろしと一緒に食べるのが大好物です!!
いくらでもイケる!!
おろすのしんどい…
ガシガシ

『シリコンスチームなべつき使いこなしレシピBOOK2』の本から作りました。
（キーマカレー、カレー風味のグリルチキン）

作り方

❶豆腐は1.5cm角のさいの目に切る。長ねぎ、しょうが、にんにくはみじん切りにする。Aを混ぜ合わせる。

❷シリコンスチーマーにひき肉を入れ、①の豆腐以外を加えてよく混ぜ、ふたをして600Wで３分加熱する。

❸水溶き片栗粉を加えてよく混ぜる。とろみがついたら豆腐を入れ、ふたをして600Wで１分30秒加熱する。

❹豆腐を崩さないように軽く混ぜ、香りづけにごま油を加え、小口切りにした万能ねぎをふる。

材料

豚ひき肉…80g
木綿豆腐…１／２丁（150g）
長ねぎ…１／８本（15g）
しょうが…１／２片（10g）
にんにく…１／２片（5g）

A
- 豆板醤…大さじ１／２
- 甜麺醤、みそ…各小さじ１
- 鶏がらスープ…100cc
- しょうゆ、塩、こしょう…各小さじ１／２

水溶き片栗粉…大さじ１
（小さじ１の片栗粉を大さじ１の水で溶いたもの）

ごま油…小さじ１
万能ねぎ…適量

豆腐がフルフルでうまい!!
ホフ
ホフ
そのまま出せば豆腐も崩れない♡

麻婆豆腐

カレー風味のグリルチキン

材料

鶏手羽中…5本（200g）
しょうゆ…大さじ1と1／2
はちみつ…大さじ1
カレー粉…小さじ1／2

作り方

❶手羽中ははさみで間接に切り目を入れ、2つに切り離す。

❷シリコンスチーマーにしょうゆ、はちみつ、カレー粉を入れ、①の手羽中を加えてもみ込み、30分以上置いて味をつける。

❸②の余計な水気を切り、ふたをせずに600Wで3分加熱する。

おつまみにいいね!
子供も好きそう!

揚げもの食べたい
私は揚げものがものすごく苦手です…
だから極力作りたくない!!
油ぐっしょり
or
コゲコゲ
プスプス
温度調節を失敗したのか、うまく揚がらない
ギャッ
バチッ
たーっ
油ポット
はねる油…
後片付けがめんどくさい
…揚げものってカロリー高いじゃん!!太るよ!!
あきらめてくれないかな…
オレだってたまにはトンカツとかからあげとか食べたいんだよー!!
ブー
ブー
ダメか…
揚げものは確かにおいしいけどさぁ…
せっかく少しやせてきたのにまた太っちゃうんじゃないかな~…作りたくないな~~~~…
ブィィ～～ン
めげずにスチーマー活用中
ハァ…
ん？
これは…
メニュー
・からあげ
・オーブンフライ
・焼き豚
・クッキー
オーブンレンジってフライとか作れたんだ～!!
へえ～
一度も活用していなかったオーブンレンジ付属のレシピ集
オーブンレンジ取扱説明書&レシピ集

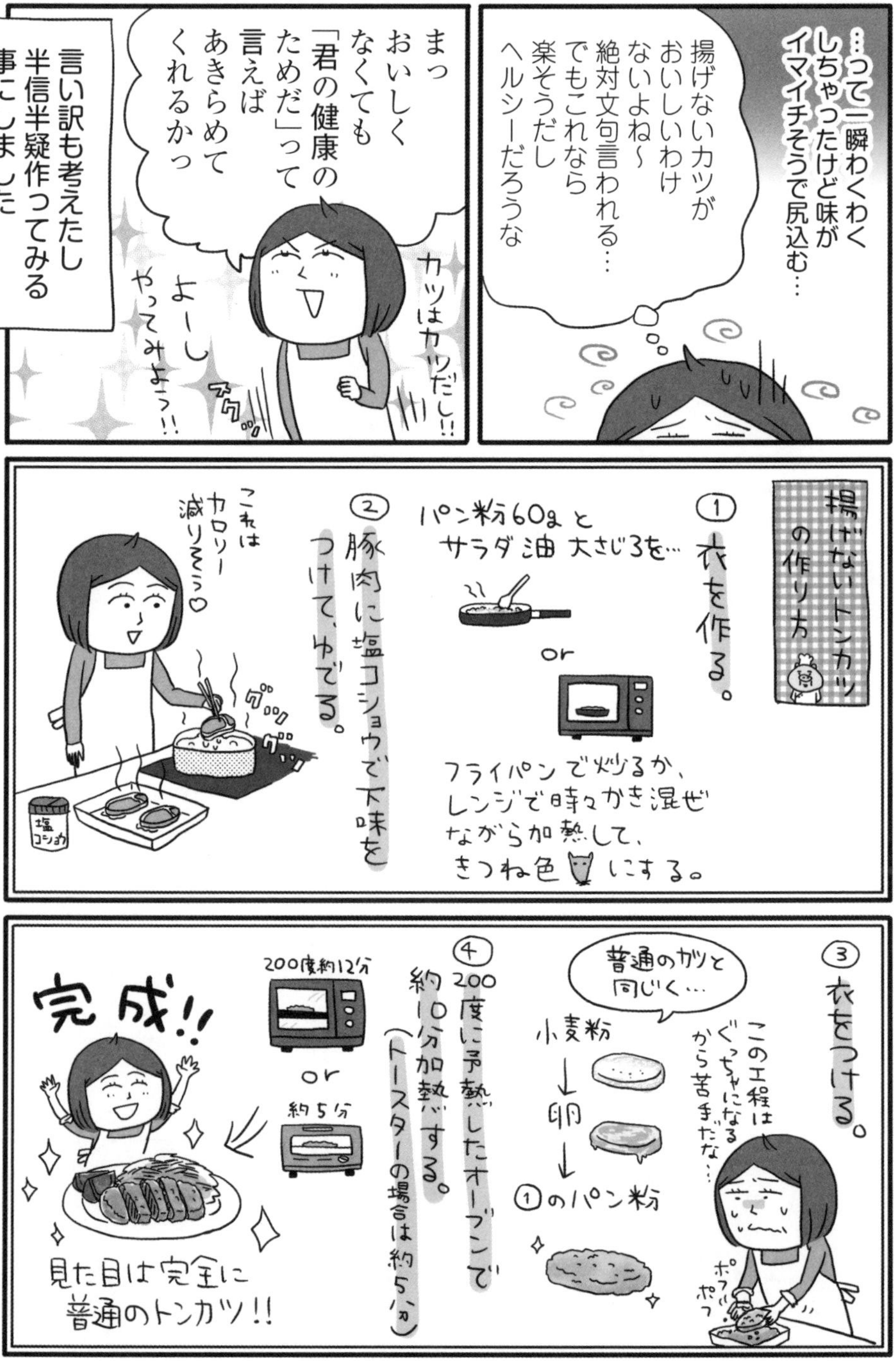
…って一瞬わくわくしちゃったけど味がイマイチそうで尻込む…
揚げないカツがおいしいわけないよね～
絶対文句言われる…
でもこれなら楽そうだしヘルシーだろうな
カツはカツだし!!
まっおいしくなくても「君の健康のためだ」って言えばあきらめてくれるかっ
よーしやってみよう!!
ズク
言い訳も考えたし半信半疑作ってみる事にしました
揚げないトンカツの作り方
① 衣を作る。
パン粉60gとサラダ油大さじ3を…
or
フライパンで炒るか、レンジで時々かき混ぜながら加熱して、きつね色にする。
② 豚肉に塩コショウで下味をつけて、ゆでる。
これはカロリー減りそう♡
塩コショウ
③ 衣をつける。
普通のカツと同じく…
小麦粉
↓
卵
↓
①のパン粉
この工程はぐっちゃになるから苦手だな…
ポフポフ
④ 200度に予熱したオーブンで約10分加熱する。
（トースターの場合は約5分）
200度約12分
or
約5分
完成!!
見た目は完全に普通のトンカツ!!

トンカツを
夕飯に出すと
今日はトンカツだよ…
おそるおそる
えっ!!
それだけでスゴい
上機嫌に!!
やったー
うまそーー!!
普段
…
笑顔がまぶしい!!
トンカツ効果スゴイな!!
でもゴメン…それ揚げてないから、おいしくなくてガッカリしちゃうかも…
あ〜ん
許せ…
うんうまい!
私の心配を「うまい」頂きました…!!
えっ!!
本当⁉ これ揚げてないんだけどおいしい⁉
あ そうなの？うまいよ普通に
どれどれ…
ドキ ドキ♡
ハムッ
うーーーん…
……
ちょっぴり物足りない…
私はやっぱ揚げてる方がおいしいと思うけど…徹がうまいって言うならいいか
うまい
うまい
よっぽど飢えてたのかな

この調子で「揚げない○○」系を色々作ってみたのですが
普通にコロッケ
ポテトコロッケ
明太子フライ
揚げたのに近かったです!!
ステキな笑顔♡
からあげ
おいしいけど作るのめんどい♡
全て好評!!
ついでにレンジについてきたレシピを作ってみましたがこれもおおむね好評!
もっと早く活用してれば良かった…!!
甘く見てましたスンマセン!!
取説レシピ
今まで身につけた「ランチプレートで一汁三菜」「シリコンスチーマーで簡単料理」「揚げない揚げもので低カロリー」
いっちょあがり☆
フフフ…
この3つの合わせ技で…
シリコンスチーマーでもやしとニラのナムル
きゅうり入りちくわ
揚げないからあげ
何か揚げものをちょっとでも入れとけば文句言わないいんだな…
フムフム
作るのが楽、かつあまり苦情が来ないかつまぁまぁヘルシーな(?)食卓になりました!!
——という感じで文明の利器の力を借りてではありますが私の料理レベルが上がりました!!
チャララチャチャチャチャチャー♫
ドヤ!!
でも普通に作る料理のまずさは根本的に解決してないよね…
ボソリ
トオルの不満度が20さがった!
ヒサエの素敵な奥様度が50あがった!!（自己評価）
ファイト

妻のまとめ

やる気をUPさせるお料理グッズ

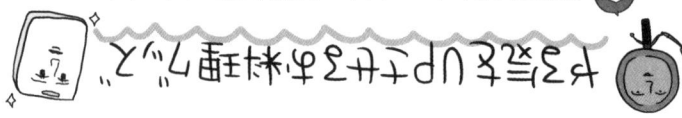

料理下手の私にオススメされても説得力が無いかもしれませんが、私のオススメ料理グッズをいくつか紹介します!!

ピーラー

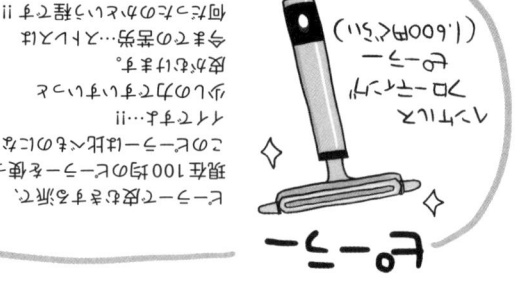

ヘンケルス
フローティング
ピーラー
(1,600円ぐらい)

ピーラーで皮むきする派で、
現在100均のピーラーを使ってる方——!!!
このピーラーは比べものにならない程
イイですよ…!!
少しの力ですいすいっと
皮がむけます。
今までの苦労…ストレスは
何だったのかという程です!!
(入江調べ)

すいっ
むきにくい、ちょっとしなびたじゃがいもの皮もすいっとむけます!

シリコーン調理スプーン

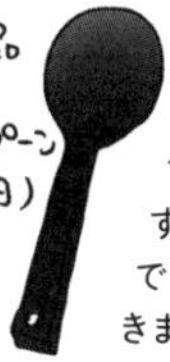

無印良品
シリコーン
調理スプーン
(850円)

ヘラとお玉の中間のような形で、「混ぜる」「すくう」ととっても使いやすいです。シリコン製なのでフライパンも傷つきません!!

油スプレーボトル

フェリシモ
お手軽オイルスプレー
(700円)

1回小さじ1/15の油がキリ状で出てくるスプレー。フライパンはもちろん、パスタに油をからめたり、ホットサンドメーカーに油をひくのにも活用しています! これで少しは油量減ってるハズ…!

番外.マンガ

きのう
何食べた?
よしながふみ
先生
1〜6巻

主人公(40代男性)とその彼氏の、ほのぼの日常系お料理マンガ。特別な材料も出てこないし、すごく手間がかかる料理も出てこない!
どれもおいしそうで、作ってみたくなるものばかりですー! 読むと料理がしたくなる上、主人公が料理と健康・食費の節約にこだわっていて、食べ合わせとか、食材の底値など勉強になるというすごいマンガ! 1巻の「ぶっかけそうめん」おいしかったです!

これ作ってー

新刊が出るたびリクエストが来ます。

太らないお菓子？
じゃ――ん
一汁三菜を始めて3週間…
とおるの計るだけダイエット
ゆるやか～に体重減少中♡
うーん順調順調！
数字的にはすんごくゆるやかだけどちゃんと減っていってるなァえらいぞ♡
ウフッ♡
っていうか頑張ってるもんね料理…
ちょっと前まで最悪一菜だったこの私が…
肉
三週間前の
ごはん
水
今では一汁三菜!!
(※たまに二菜)
しかもなるべく品目数が多くなるように気を使っちゃったりして…
茶わんも小ぶりなものにかえました!!
あと苦情が来るか来ないかのギリギリのラインまで野菜率を高くしたりとか!!
ギリギリの反応
モシャ
モシャ…
よし!!
私今…すごくすてきな奥様じゃない…!?
バリッ
ザラララ…
ん？

ってコラアアア!!
何してるの!!
うわっ
ビクッ
ポテチ
何って…久々にポテチが食べたいと思ってさ…
しばらく控えてたから…
えっ 何その顔…超怖いんだけど…
せっかくやせてきてるのに今そんなの食べたら逆戻りじゃん!! ガマンしようよガマン!!
プンプン
ムッ
んな事わかってるよ!! それでも食べたいの!! たまにはいいだろ たまには!!
あ…
スタスタ
こうなったらお菓子を買って来なけりゃ良いんだな
バリバリ
お菓子ストックカゴ
在庫があるから食べちゃうんだな うん
せんべい
ムシャムシャ
こうしてお菓子の在庫が切れて数日——…
からっ
早速限界が来ていました……

私に…
うう…お菓子食べたい…
糖分が足りない…
ハァ…ハァ…
何やってんだお前は…
ほら…オレの気持ちがわかっただろ～？お菓子は急にやめられないんだって！
ぐぬぬ…
ホラ…ちょうどチラシも入ってきてる事だし
久々にお菓子を買いに行こうじゃないか…
おぉ…
スーパー
・・・
いやー買った買った!!
どっちゃり
Big のりしお
ファミリーパック チョコパイ
ビスケット
さすがに…買いすぎじゃないか!?
だってファミリーパックのまとめ買いセールしてたから…
これだけあればしばらく持つしゆっくり食べよう!!
ハイ キミのぶん☆
お、おう…
久々のチョコパイポテチ超うま～～い
じぃぃぃぃぃん
パリパリ
モグモグ

そして気づけば…
一時増えたけど数日で戻ってる
とおる
ひさえ
で右肩あがり!!
テヘペロ
肌あれ
テヘペロじゃねーよ…
気をつけろお菓子は急にやめれない…ってね!!
こうしてお菓子絶ち作戦は失敗に終わりました…
(主に私が)
今までどおりがまんしつつ、控えめに食べようじゃないか…
とはいうものの…もうちょっとスルスル体重落ちても良いハズなんだよね…太らなくておいしくてお手頃価格のおやつ無いかな〜…
雑誌のうしろの方↓
ダイエット♡豆乳クッキー
おから入り
ゼリーつき
今だけ!! 3,980円 (12食分)
1ケ月分 9,800円
…ダイエット用の食品って何でこんなに高いんだろ…
…あ 無ければ手作りしたらいいのか!!
安あがりだし!!
料理嫌いの私ですがお菓子作りだけは好きなのです!!
(自分が食べたいから)
全部私のモノ!!
ロールケーキ
ずっしり…
だって…小麦粉・卵・牛乳・砂糖と生クリームだけでこんな幸せになれるんですもの…!!
町の図書館
というわけでダイエット向きのおやつレシピ本をごっそり借りてきました
お願いしまーす…
←1人5冊まで
カロリー1/2スイーツ
ヘルシーお菓子
ノンオイルおやつ
やせるおやつ
(やせる気満々の人のようでちょっと恥ずかしかったです…)

太らない代償

夜中のおやつにぴったりだと思うのが…
おしゃぶり昆布 浜風
このおしゃぶり昆布浜風!!
パリパリの昆布
1袋24キロカロリーと、とっても低カロリー!!でもおいしい!!
その上食べるのに時間がかかるので長く楽しめます…
浜風
※締切前 徹夜中
バキッ
!?
しかしある日――…
1日2、3袋食べてたら奥歯が欠けました
えっ 昆布で…?
バキィ
へへへ… すいません…
皆さんも昆布の早食いには気をつけてください…

ローカロリーなお菓子？
さーて何から作ろうかなーっと…
パラッ
普通のレシピと比べると様々な工夫がされていて確かに低カロリーになっているのですが…
あれっ…あんまりおいしくなさそう…
全部カサカサしてるように見える…
見た目で若干テンションダウン…
う――ん…
い…いや!! 案外おいしいのかもしれないぞ!!
とりあえずこのクッキー作ってみよう!!
ノンオイル型抜きクッキー
バターも油も不使用!!
と無理やりテンションを上げて作業スタート
①小麦粉とベーキングパウダーを合わせてふるう。
デジタルスケールとっても便利!!
②卵黄と砂糖をすりまぜる。
白っぽくなるまで
ざり ざり
③粉類を入れて混ぜ、生地をまとめる。
④生地をのばし、型で抜く。
ベターン
⑤はけで卵液をぬる。
フー…
やっとおわった…
⑥予熱したオーブンで焼く。
ジジ…
⑦焼いてる間に洗い物など。
……
ゴシ ゴシ
正直お菓子作りは手間かかるし汚れるしでめんどくさいのですが…
それでもお菓子作りが好きなのは!!
ずっしりブラウニー
さくさくクッキー
イヤッホ〜ウ!!
ふわふわロールケーキ
とろけるプリン
頑張った分 見返りも大きいからなのだと思います!!
(普通の料理は頑張っても何故か失敗することが多いので嫌いです!!!)

そして…
できたー!!
じゃーーーん
では早速…
あ〜ん
ガシイッ
サクサクしない…!!
外側ガリッ 内側はもさもさしている…!!
バターの香りがしない…!! っていうか卵くさい!!
100g 約740kcal
バター
バターって大切なんだなぁ…!!
カロリーオフ菓子を作った結果、大切な事に気づかされました…
その後もめげずにカロリーオフのお菓子をいくつか作ってみましたが…
チョコをココアで代用…
できるのか!?
まずい……
見た目はブラウニー!!
味はココア味のもそもそパンさ!
全て惨敗
もそっ
しかし私は気づいたのです これはダイエットのためのカロリーオフレシピなのだから物足りなくて当たり前!! むしろ別物なのだと…!!
そうだよ 割り切って食べればこれはこれでアリなんじゃ…!?
ゴクリ…

『別もの』として食べてみるも
うんっ あんまり おいしくないわ!!
ダメでした
もさっ もさっ
色々試した結果 元々カロリーの低いお菓子を普通に作って食べるのが一番だという結論に至りました
元々ノンオイル!!
ビスコッティ
そのままだと とてもかたいので コーヒーにひたしながら食べます。食べごたえがあるから 1こですごい満足感です!
くだものゼリー
果汁や市販のジュースをかためるだけでもおいしいですが 果肉を入れてみたら高級感&おいしさUP!!
ジェラート&シャーベット
アイスクリームメーカーがあればわりと手軽に作れます。自分で甘さを調整できるのがイイ!!
カロリー低めお菓子でお菓子問題は解決したと思っていたある日…
今日のおやつはレーズン入りのビスコッティだぞ~
どうだい お味は!?
ガリ ガリ
うん うまいよ… うまいけどさ…………
いい加減ポテチが食べたい…!!
どーん
もう限界…
え~!?
今あんなモノ食べたら体重元に戻っちゃうよ!!
もう戻ってもいいからポテチ食べたい…
ガクガク
しばらく我慢していた徹のポテチ欲が限界寸前に!!
隠れて食べちゃったらゴメン…
早まるな… 考え直せ…!! トオルゥー!!

ポテチ…ヘルシーなポテチ…
よく電子レンジでポテチ作るやつ売ってるけど絶対おいしくないだろうな～…
こんなの
疑いのまなざし
う～ん…
でもそれぐらいしか思いつかないし一応ネットでレビューを調べてみるか…
カタカタ
通販サイト
レンジ ポテチ
あれ…⁉
ほとんど星4つ～5つ!!
・レンジでポテチ器 ★★★★☆(20)
・チンしてチップス ★★★★☆(14)
ポテチ製造マシーン ★★★★(3)
意外と評価高い!!
うそー!?
これは早速注文……
お!! 道具なくても作る方法あるんだ⁉ よし早速やってみよう!!
わく
わく
揚げないポテチの作り方
①じゃがいもをスライサー等で薄くスライスする。
じゃがいも(中) 約100kcal
シャッ
シャッ
②水にしばらくひたす。
塩味にするならここで塩を投入する!!
塩
③水気をよくきる。
キッチンペーパー
or
サラダスピナー
④クッキングシートの上に重ならないように並べる。
ふぅ ふぅ…
ぺと
※味付けするならここで!! できあがってからだと味がつきにくいです。
⑤600Wで約6分。
(じゃがいもの厚さや量、レンジの機種にもよるので、調整してください!!)
⑥うら返し様子を見ながら600Wで2分程チン。
色づいてきたものはその都度取り出して下さい。すぐこげます!!
目をはなさない!!
じっ…
完成!

見た目は
完ぺきに
ポテチ
ッ…!!
パリッ
この食感!! 完ぺきに
ポテチ!! スゴイぞ!!
パリ
パリッ!
そして肝心の
お味は…!!
乾燥した
イモの味
ですね……
ポテチでは
ない…
何かが
足りない
わね…
ずーーん
やっぱポテチも
油分がないと
おいしくないの
かな〜…
食感はイイのに
惜しいなぁ…
あ!!
アレを使えば
ちょっとは
ポテチに
近づくかも!?
オイルスプレー!!
手順④で5回ぐらい
スプレーして…
1回で約小さじ1/15
の油が出るから
5回で小さじ1/3!!
(約13kcal)
シュッ
これが大成功!!
約70%
ポテチ…!!
食感はほぼ同じ!!
味はあっさりめだけど
かなり近いものに
なりました!!(ひさえ調べ)
うまーい♡
というわけで早速
ハーイ
おやつだよ
〜♡
えっ

何これ食っていいの!?
どうぞどうぞ！揚げてないやつだから大丈夫！
!?
あ～確かにちょっと物足りないけど全然イケル!!
パァアアアアァ
うまいうまい!!
徹も満足のようです!!
あっというまに空になり
もっかい作って!!
ずいっ
め…めずらしい!!
こんなレアなセリフまで出ました!!
徹に好評ポテチ3!!
1 塩のみ!! 塩味（なんだかんだでやっぱりうまい！）
青のりと塩で 2 のりしお味（前歯に注意）
Buono!!
3 オリーブオイルといい塩で イタリア気分味（行ったことないけど）
好評に気を良くした私は…
私が作ったポテチとカ●ビーのポテチどっちがおいしい？
ウフフ
無謀にもカ●ビーに勝負を挑み…
え？カ●ビー
即答。
徹 73kg

姉妹
私には6つ年の離れた姉がいます
167cm
しっかり者長女
175cm
ちゃらんぽらん次女
今でこそスラッとしてますが…
ムチムチ
昔は若干丸かったんですよ!!
寮生活で最高に肥えたらしい…
というわけで私達姉妹(冬は母も)はダイエット仲間として、切磋琢磨(?)していたのです…
ペチャクチャモグモグ
高校生
看護学生
が!!
てりやきセットでーす♡
学生+バイト 21才頃
バタバタ
看護師 23才頃
マーメイドドレス
スラァー
結婚27才
いつの間にか姉だけやせやがったのです!!
裏切者〜!! 自分ばっかやせてズルイぞ!! どうやってやせたのさ!!
ブーブー
21才 体重MAX
どうやってっていうか…
年取ったらあんまり食べれなくなるんだよ…
昔はポテチ1袋とか余裕だったけど今は無理だもん…
…え?

ポテチを？
1袋食べれない？
何で？
全く理解できないんだけど⁉
いやだから年取ったら油っこいものとかあんまり食べれなくなるの！
途中でキツくなるの‼
あんたも年取ればわかるよ
瞬殺じゃん!!
ポテチ
60g
あ～ん胃もたれしちゃった☆
残りはまた今度にしよっと♡
想像図
年取ればこうなるって…？
なんか極端だけどまあ大体あってるよ…
じゃあ年取れば私も自動的に何の苦労もなく食欲と胃が衰えて細身になれるのかぁ‼
姉ちゃんはそうだったよ…
姉妹だしあんたもそうなるんじゃない？
加齢ってスゲー!!
早く年取りたいな～♡
アハハ…
…という話もあったよなァと最近思い出しました
一向に衰える気配無し‼
キリッ!!
それ…オレ買ってきたポテチじゃない…？
現在28キ
私の現在の食欲は徹のポテチを勝手に完食してケンカになるレベルです
姉妹でもこんなに違うものなんですね‼

太らない(?)おやつレシピ

食べごたえ満点!!

アーモンドのビスコッティ

イタリア生まれ

2度焼くのが ちょっと手間ですが、
作り方自体はとっても簡単なのでぜひ!!

材料

薄力粉…60g
全粒粉…60g
ベーキングパウダー…小さじ1/2
砂糖…45g
卵…1個
オリーブオイル…大さじ1
アーモンド…50g
打ち粉（強力粉）…適量

準備

❶アーモンドは150度に予熱したオーブンで15分から焼きし、粗熱が取れたら粗く刻んでおく。

❷オーブンは180度に温めておく。

作り方

❶薄力粉、全粒粉、ベーキングパウダーをボウルにふるい入れる。

❷砂糖、卵、オリーブオイルとアーモンドを加え、手でムラのないように混ぜ合わせる。

練ると粘り気が出るので注意!!
ささっと!!

使う道具

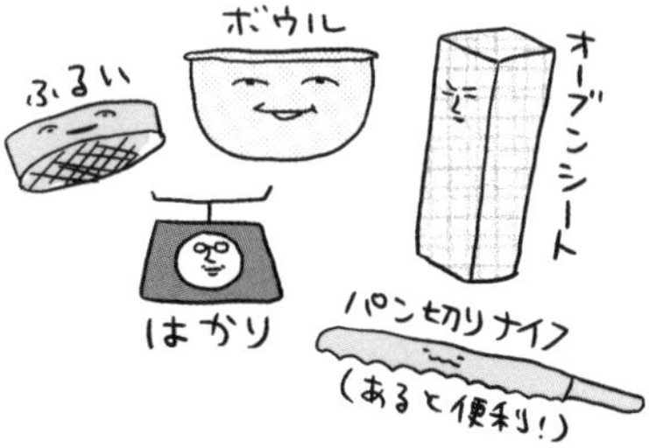
ボウル
ふるい
オーブンシート
はかり
パン切りナイフ
(あると便利!)

『ゆっくり発酵スコーンとざっくりビスコッティ』高橋雅子さんの本から作りました。

❸全体が均一に混ざったら、ひとまとめにする。

❹オーブンシートを敷いた天板に生地を置き、
１０×２０ｃｍぐらいのかまぼこ形に整える。

少しふくらむので
平たく！
1回目・180度で20分

❺表面に打ち粉をふり、２０分焼く。

❻焼き上がったらオーブンから取り出し、
粗熱を取る。

❼触れられる程度の温度になったら、
パン切り用などの波刃のナイフで
１〜１.５ｃｍの厚さに切り分ける。

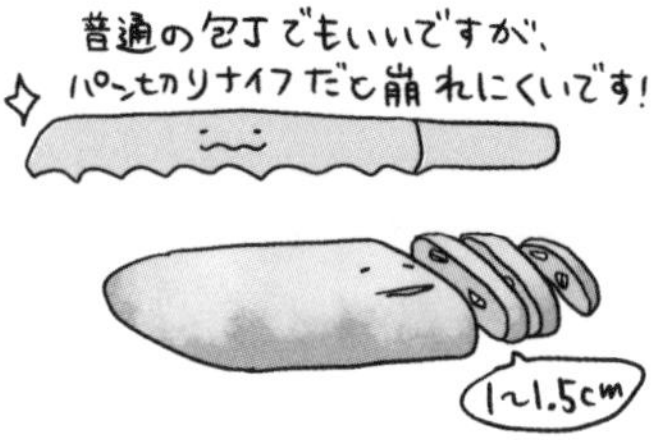
普通の包丁でもいいですが、
パン切りナイフだと崩れにくいです！
1〜1.5cm

2回目・
150度で20分

❽切り口を上にして、１５０度で２０分焼く。

できあがり

食べるの
大変だから
1個ですごい
満足感！
カジ
カジ
コーヒーや
牛乳に
ひたしながら
食べても
おいしい！

ぎっしり!!

ドライフルーツ ビスコッティ

ドライフルーツミックスでフルーツぎっしりのビスコッティ。ノンオイルだからヘルシー♪

材料

薄力粉… 100g
ベーキングパウダー… 小さじ1
卵…1個
砂糖…70g
ドライフルーツミックス…1袋（100g）

作り方

❶薄力粉、ベーキングパウダーは合わせてふるっておく。

❷ボウルに卵・砂糖を泡立て器で混ぜ、①の粉類を入れてゴムベラで混ぜ、ドライフルーツも入れて混ぜる。

❸天板にオーブンシートをひいて生地をのせ、幅8cm厚さ1cmくらいにする。

❹180度予熱済みオーブンで20分焼く。

❺取り出して1cm幅にスライスし、断面を上にして天板に並べて170度のオーブンで10分焼き、裏返して10分くらい焼く。

密封容器に入れておけばかなり日持ちします。

クックパッド「ドライフルーツビスコッティ」byのび猫さん レシピから作りました。

紅茶香る♪ 全粒粉おからビスコッティ

TEA

紅茶にくるみの香ばしさ＆フルーツの自然な甘味です。
おから＆ノンオイルでヘルシー♪

材料

A
- 生おから…100g
- 全粒粉…100g
- 紅茶葉（ティーバック）…10g
- ベーキングパウダー…小さじ1
- きび砂糖…30～50g（お好みで加減を）
- 塩…ひとつまみ
- お好みでシナモンパウダー…適量

- 卵…1個
- 豆乳…大さじ1
- くるみ… 25g～30g
- ドライフルーツ（レーズン・いちじく等）… 40g～50g

作り方

❶Aを良く混ぜ合わせたのち、溶き卵、豆乳を加えて混ぜる。

❷粗く刻んだくるみとドライフルーツを入れ混ぜ合わせ、生地をひとかたまりにまとめる。

❸天板にオーブンシートを敷き、その上に生地をのせ、25cm×10cm程度のなまこ状に成型する。
※手に水をつけるとやりやすい

❹170度予熱済みオーブンで20～25分焼く。

❺いったん取り出し、粗熱をとったのち幅1cm程度にカットし、クッキングシートに並べる。

❻160度に温度を下げ、表10分裏10分計20分乾燥焼きをし、天板にのせたまま冷ます。

おから入りで
腹持ちも
いい♡
ほんのり
紅茶の香り

クックパッド「紅茶香る♪ 全粒粉おからビスコッティ」by tearstarさん レシピから作りました。

食品カロリー一覧表

1. 穀類

食品名	数量(目安)	重さ	カロリー(kcal)
玄米ごはん	1杯	150グラム	248
白米ごはん	1杯	150グラム	252
もち	1個	50グラム	118
うどん(乾麺)		100グラム	348
そば(乾麺)		100グラム	344
そうめん(乾麺)		100グラム	356
スパゲッティ(乾麺)		100グラム	378
中華めん	1玉	170グラム	253
食パン	6枚切り1枚		158
ロールパン	1個	30グラム	98
薄力粉		100グラム	368
強力粉		100グラム	366

2. いも・でんぷん類

食品名	数量(目安)	重さ	カロリー(kcal)
じゃがいも	中1個	135グラム	103
さといも	中1個	43グラム	25
さつまいも	中1本	180グラム	238
こんにゃく	1枚	200グラム	10
しらたき	1玉	200グラム	12
緑豆はるさめ	1食分	20グラム	69

3.豆類

食品名	数量(目安)	重さ	カロリー(kcal)
小豆缶		100 グラム	218
木綿豆腐	1丁	300 グラム	216
絹ごし豆腐	1丁	300 グラム	168
油揚げ	1枚	30 グラム	116
納豆	1食分	30 グラム	60
おから		100 グラム	89
豆乳	1カップ	210 グラム	97

4.きのこ類

食品名	数量(目安)	重さ	カロリー(kcal)
えのきだけ	1袋	85 グラム	19
生しいたけ	1個	8 グラム	1
干ししいたけ	1個	1.6 グラム	3
しめじ	1パック	85 グラム	15
なめこ	1パック	100 グラム	15
えりんぎ	1パック	90 グラム	22
まいたけ	1パック	90 グラム	14

5.藻類

食品名	数量(目安)	重さ	カロリー(kcal)
あおのり	小さじ1杯	2 グラム	3
焼のり	1枚	3 グラム	6
ひじき	大さじ1杯	5 グラム	7
カットわかめ	小さじ1杯	1 グラム	1

6. 野菜類

食品名	数量(目安)	重さ	カロリー(kcal)
アスパラガス	1本	16グラム	4
さやいんげん	1さや	10グラム	2
えだまめ(冷凍)	1さや	1.5グラム	2
グリンピース(冷凍)		10グラム	10
オクラ	1本	7グラム	2
かぼちゃ	1/4玉	225グラム	205
キャベツ	葉1枚	85グラム	20
きゅうり	1本	98グラム	14
ごぼう	1本	180グラム	117
小松菜	1束	255グラム	36
しそ	葉2枚	2グラム	1
春菊	1束	198グラム	198
しょうが	1かけ	8グラム	8
セロリ	1本	65グラム	65
かいわれ大根	1パック	40グラム	8
大根	中1/2本	340グラム	61
たけのこ(ゆで)	中1本	225グラム	68
玉ねぎ	中1個	188グラム	70
チンゲンサイ	1株	85グラム	8
トマト	1個	194グラム	37
ミニトマト	1個	15グラム	4
トマト缶	1缶	400グラム	80
なす	1個	63グラム	14
にら	1束	95グラム	20
にんじん	1本	180グラム	67
長ねぎ	1本	60グラム	17

食品名	数量(目安)	重さ	カロリー(kcal)
白菜	中1/4個	235グラム	33
ピーマン	1個	34グラム	7
ブロッコリー	1個	100グラム	33
ほうれん草	1束	270グラム	54
三つ葉	1束	40グラム	8
もやし	1袋	200グラム	74
レタス	1個	196グラム	24
れんこん	1節	120グラム	79

7. 果物類

食品名	数量(目安)	重さ	カロリー(kcal)
イチゴ	1個	16グラム	5
オレンジ	1個	130グラム	60
柿	1個	182グラム	109
キウイフルーツ	1個	85グラム	45
グレープフルーツ	1個	210グラム	80
サクランボ	1粒	7グラム	4
スイカ	中1/4個	375グラム	139
ナシ	1個	170グラム	73
パイナップル	1/4個	275グラム	140
バナナ	1本	90グラム	77
ブドウ	1房	128グラム	76
メロン	1/4個	158グラム	66
桃	1個	170グラム	68
リンゴ	1個	255グラム	138
レモン(果汁)	1個分	30グラム	8

8.肉類

食品名	数量(目安)	重さ	カロリー(kcal)
牛肩ロース(脂身あり)		100グラム	240
牛もも(赤身)		100グラム	140
牛ヒレ		100グラム	133
牛ひき肉		100グラム	224
豚肩(脂身あり)		100グラム	225
豚ロース(脂身あり)		100グラム	263
豚バラ		100グラム	386
豚もも(赤身)		100グラム	128
豚ヒレ		100グラム	115
豚ひき肉		100グラム	221
豚ホルモン(大腸)		100グラム	179
とり胸(皮あり)	1枚	250グラム	478
とり胸(皮なし)	1枚	200グラム	216
とりもも(皮あり)	1枚	280グラム	560
とりもも(皮なし)	1枚	230グラム	267
手羽		100グラム	211
とりささみ	1枚	38グラム	40
とりひき肉		100グラム	166
マトンロース		100グラム	236
ラムロース		100グラム	227
ロースハム	1枚	20グラム	39
ウインナー	1本	10グラム	32
ベーコン	1枚	20グラム	81

9. 調味料・その他

食品名	数量(目安)	重さ	カロリー(kcal)
サラダ油	大さじ１杯	12 グラム	111
ごま油	大さじ１杯	12 グラム	111
オリーブオイル	大さじ１杯	12 グラム	111
バター	大さじ１杯	12 グラム	89
マーガリン	大さじ１杯	12 グラム	76
しょうゆ(濃い口)	大さじ１杯	18 グラム	18
塩	小さじ１杯	6 グラム	6
酢	大さじ１杯	15 グラム	15
ケチャップ	大さじ１杯	15 グラム	15
マヨネーズ	大さじ１杯	12 グラム	80
豆みそ	大さじ１杯	18 グラム	39
みりん風調味料	大さじ１杯	19 グラム	43
酒	大さじ１杯	19 グラム	20
炒りごま	大さじ１杯	9 グラム	54
ウスターソース	大さじ１杯	18 グラム	21
ラー油	小さじ１杯	5 グラム	46
卵	１個	51 グラム	77
牛乳	１カップ	210 グラム	141
低脂肪牛乳	１カップ	210 グラム	97
ヨーグルト(無糖)		100 グラム	62
スライスチーズ	１枚	18 グラム	61

兄弟

結婚前――
はじめましてー
スラーーリ
徹のお兄さん(次男)
5つ上の兄貴だよ
よろしく〜
スラー
スラララー
こっこんにちは
やっぱり兄弟だな〜!! 2人共細い!!
結婚後(5年目)―
いよう
元気だったかね
どーーん
久絵の兄
徹君やせたかー
いやぁまだまだですねぇ〜
ボウーン
ボウーン
……本当の兄弟のようだな…
むしろこっちの方がしっくりくる…

第3章

運動でやせる

趣味はゲーム、マンガ、

スポーツ観戦（本当に観るだけ）。

超インドアな徹に合う

運動はあるんでしょうか……。

徹はインドア派
計るだけダイエット
食事改善により
2ヵ月で
3キロやせてから
1ヵ月…
大体73kgキープ…
とおるの計るだけダイエット
74
73
72
71
70
徹の体重は
完全に停滞
していた…
ちょっと～
ここ1ヵ月
さっぱり体重
減ってない
じゃんよ～
どうなってるのよ
ん？ああ
今月は飲み会とか
多かったからな～
でも
キープしてるだけ
えらいと
思わない!?
前なら絶対
肥えてたよ！
そう言われ
たらそっか…
えらいね♡
うんうん
ってホメてる
場合じゃない!!
えっえらいけど、
65キロに
なるんだから
もうちょっと
頑張って
頂かないと!!
やる気出してやる気!!
お前なんて
3ヵ月で
0.5キロしか
減ってない
だろ!!
ムッ
うっ

いや…あれはその…一時期は減ったんだけどさ…ホラ、仕事忙しくなると何か食べながらじゃないとやっていけないっていうか…ねえ…
ペラペラ
心底あきれている目
………
アレだね‼やっぱ食べちゃった分は運動で消費しないとね‼
お互い頑張ろう‼
無理やり自分の話終了させたな…
ガシッ
特に君は今こんなんじゃん？ちょっと動けばすぐやせると思うんだけどな――♡
ホラホラ～
確かにそうかもな…何か始めてみるか…
へへへ…
徹の動いていないぶり
車通勤
車
帰宅後&休日ゴロゴロ
だるーん
趣味
ゲーム
まんが
スポーツ
（観るだけ）
じっ…
PC
ほとんどデスクワーク
よーし、じゃあ今日からランニングだ‼
おーっ‼
え～～～～～～…
………
他のがいい…
じゃあウォーキングだ‼
おーっ‼
え～…
……‼
それ以外…

じゃあ筋トレとか…？
あそれは完全にムリ
めんどい!!
君…やる気あるのかねやる気!!
だってさー絶対楽しくないじゃん…絶対続かないじゃん？お前はそんなの続けられるのか？
……3日で飽きる自信があるね!!
ビシッ
そんなモン人にすすめないでくれるか!!
まあ私にはバレーボールがあるし♡週2回行ってるし♡(その割にはやせないけど…)君も何か自分が楽しいと思えるものを見つけようよ!!
フフ〜ン
何か楽しそうなのあるかな？
じゃあ〜…プールは？
う〜ん
パークゴルフは？
あ〜…
う〜んカラオケ!!
おお…
運動系のゲーム!!
あ〜…
……
あ〜
うん…
どれもあまりピンとこないらしい…
ポリポリ
とにかく!!手当たり次第にやってみよう!!
オー!!
お〜ぅ…
ぐい
こうして徹が続けられそうな運動探しが始まったのでした

妻のまとめ

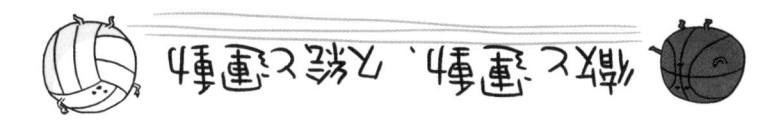

徹と運動、久絵と運動

私はママさんバレーをやっています。
練習は週２回、年に何年か試合があって、
毎回汗だくになってブロックしてます。
飽きっぽく面倒くさがりな私が、バレーは６年続いています。
なぜかというと…
バレーが好きだからです！
やっていてすごく楽しいからです！
これからも、体が動く限りずっと
続けていきたいスポーツです…☆

ピー
ドリブルー
得意技
・ホールディング
・オーバーネット

一方、徹はというと…
なーんもやってません !!
以前、サイクリングを始めると言って
カッコイイ自転車を買ったのですが（形から入る）、
１ヵ月もしないうちに飽きました。
ランニングも専用の靴を買ったのに
４、５回で終わりました。
筋トレも続きませんでした。

……こんな徹でも、私にとってのバレーボールのような、
楽しく続けられるような運動を見つけることができるのでしょうか…!?

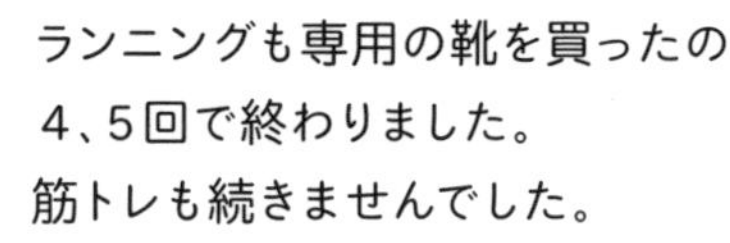
ゴロ
ゴロ…

挑戦① カラオケ
次の休日
さーて何からやってみようか⁉
え？何？
ダラ〜
運動したくないオーラを感じるなァ…
とりあえずバドミントン カラオケ パークゴルフと考えてたけど まずは一番ハードルの低いやつからいってみるか…‼ よし…
カラオケ行こーよ！好きでしょカラオケ♡
カラオケ？好きだけどカラオケでいいの？やせるの？
フフフ…それがね だいぶ前TVでさ…
食べるのが大好きな体重100キロのAさんが…
あーん
男性Aさん（100kg）
ある日カラオケで歌って帰ると…
なんといきなり4キロ減‼
その日からひんぱんにカラオケに行くようになって…
エアギター
ギュイ〜ン
熱唱
フオー
週3回ハッスルしてたら1年間で28キロもやせたんだってよ‼スゴくない⁉
72kg
へー‼そりゃスゴイな‼オレもそれでやせるわ‼
わくわく
こうして私にしては珍しく、徹をやる気にする事に成功したのです‼
カラオケは元々月1ぐらいで行ってます。

とりあえず2時間で～
「歌った後、消費カロリーが表示される」という機種を選び…
受付
早速カラオケスタート!!
ウェ～イ
ウェ～～イ
さてさて何キロカロリー消費してるのかな…
10ぐらい？
50ぐらい？
ドキドキ…♡
パッ
消費カロリー　9.5kcal
えっ…
9.5…？
…思ったよりぜんぜん消費してないね…
いいや…！今の歌がたまたま低いのかもよ!!
他の歌ってみよう!!
…というあわい期待もむなしく良くても20キロカロリー平均10キロカロリーという感じでした…（入江調べ）
その後
こうなったら曲数いっぱい歌おう!!10曲100キロカロリー100曲1000キロカロリー!!
おおう！
…と頑張ってみたのですが…
1時間半経過
いつもどおりつかれてくるあきてくるそして——
フー…
パチパチ
お時間10分前ですが、ご延長なさいますかー？
あ、いいです今出まーす
9曲約90kcal
いそいそ…
10曲約100kcal
カラオケは1回2時間、月1、2回が限界

挑戦②
パークゴルフ
次にハードル低いのと言えば…パークゴルフ!!
なんだかんだ毎年行ってるし…
パークゴルフとは…
北海道で考案された誰でも楽しめちゃうお手軽ゴルフです!!
ルールはほとんど同じなのでゴルフのゲームできれば大丈夫!!
ゴルフ
クラブ いっぱい
ボール 小さい
プレイ費用 高そう
コースの広さ 広大
キャディさん
やってそうなん 社長・役員
※勝手なイメージです。
パークゴルフ
クラブ 1本
ボール 大きい
プレイ費用 500円ぐらい
コースの広さ そこそこ
やってる人 老若男女
久々にパークゴルフ行こうよ!!
そういや今年まだ行ってないもんな…
※年に1,2回は行ってます
あれってどれぐらいカロリー消費するのかな？
フフフ…君の体重なら1時間250～450キロカロリーぐらいらしいよ…
ゴルフの場合
おおぉ!! 意外と消費するんだなー
カロリー計算できるサイトで「ゴルフ」の消費量を調べました…
よーし行こう!! やせるぞ～
ゴルフの場合ね…
スマン…パークゴルフの消費量はわからなかったんだ…ゴルフよりは消費しないと思う…スマン……
そんな訳で早速やってきましたパークゴルフ場!!
ロッジ
たのしい森 パークゴルフ場 4コース 36ホール
受付でクラブとボールを借りて…
受付
今日こそ4コース全部回ろうね!!
負けた方アイスおごりな
ダイエット→は…？
ハーン ダッツね
スコア
やる気十分でいよいよプレイスタートです!!

1コース目
イーグル出したり…
カラーン
よっしゃー!!
お〜
妨害工作したり…
フーッ
フーッ
オイ
おじいちゃんと話したり…
い〜い天気だねえ〜
そうですねえ〜
エヘヘヘ…
ステキな老夫婦がいたり…
キュン♡
ドツボにハマったり…
それ何打目…?
11打目
ハァハァ
もういいんじゃない…?
大接戦の結果
徹
逆転勝利!
ワッハッハッハッハッ
ぐっ…
さて!!アイス買って帰るか…
4コース全部回るんだってば!!
ハハハ…
バテ始めたらしい…
2コース目…
次こそ勝つ!!
次はパー4…1オン狙う…!!
ゴゴ
ゴゴ
ウオオオオオ
ガッ
1ホール目からOBの上ボールがなかなか見つからず…それからグダグダのスコアになり…
……
雑木林
ガサ
ガサッ
徹
完全勝利!!
上手くてゴメンネ☆
よしもういいな
……
コクリ
バテた→
←心が折れた
受付
90分約500kcal?
パークゴルフは1回2コース、月1ぐらいで限界

最終手段
その後も色々挑戦してみたものの…
バドミントン
ムッ!!
キャッチボール
ブンッ
オイ!!
何ひとつ続きませんでした!!
ゴロゴロ…
自主的に運動する気ゼロ!!
こんなに続かないものかね…!!
仕方ない…こうなったら
奥の手出すか…!!
奥の手とは…
おうちで楽しく運動不足解消☆
それ──っ!!
エイ!!
家庭用ゲーム機の運動系ゲームである!!
これなら季節や天気に左右されず!! しかも一人でだって気軽に運動が続けられちゃう…
ビュオオオオオ
予定図
なんて素晴らしい!!
徹はゲーマーだから自分から喰いついてくるに違いないし!!
ニヤリ…
重要
!?

結構な値段するから今まで手出ししてなかったけど…
ス…
徹の健康にはかえられないよね…
…という大義名分も立ったので早速調査を開始しました
運動系ゲームはWii、PS3、Xboxそれぞれ出てるんですが…
やっぱ一番有名な「Wii Fit」やってみたいよねー
任天堂の安心感♡
PS3のスポーツのやつも面白そうだなぁ！バレーはぜひやりたい‼
わくわく
元バレー部
Xboxは手ブラでできちゃうのスゴイなぁ‼ダンスのゲームおもしろそう‼
ガガ曲おどりたい♡
※ガガ
…全部やりたいんだけど…
どうしよう…
そんなお金ないしひとつに絞るぞ‼え〜と評判良いのは……
カチカチ…
全部…評判いい…
ALL星4つ超え♡
Wii Fit (wii)
スポーツチャンピオン(PS3)
ダンスセントラル(xbox)
(某通販サイト調べ)
どうしよう…
どうしよう…!?
優柔不断 →

悩みに悩んだあげく
計１万円ぐらい
スポーツチャンピオン
バリューパック
ゲーム機本体を持っていたPS3のにしました（費用の問題で…）
２人でやるためにコントローラーもう１本購入→
じゃ―――ん
てきぱきてきぱき
カメラをセットしてっと…
わくわく
PS3
ただいまぁ〜〜〜
おかえりー さぁ運動しようか!!
はあ…？
ダダダダ
こ… これは!!
スポーツチャンピオン
PSMoveだー!! スポーツチャンピオンだー!!
おお〜!!
スポーツチャンピオン
喰いついてる 喰いついてる…
フフフ…
これどうしたの？ 借りたの!?
ん!?
フフ… よくぞ聞いてくれました…
君の健康のために買ったの
ボーナスあてにして
君の健康のためにね
お前自分がやってみたかっただけなんじゃ…
さー早くやってみよう!!

どれからやろっか!?
6種類のスポーツがプレイできます
卓球
ビーチバレー
アーチェリー
私はこのビーチバレーなんかが良いと思うんだけど…
じゃあそれでいいよ…
ビーチバレー練習スタート
トスの練習です
タイミングに合わせてコントローラーを頭上に上げましょう!
この時私は自分が上手にトスを上げれると思っていた…なぜなら元バレー部、現ママさんバレープレイヤーだからである…
余裕余裕…
そ～れっ
遅い!!
!?
えっ？今のでっ？
今度こそ…!!
そ～れっ
遅い!!
よりリアルなトス体勢
ヘイヘーイバレー部たいしたことねーなァ
ヤジ
違うの!!本物はこのタイミングなの!!
ちくしょおおお
しかしその後も…
レシーブ
遅い!!
えっ
アタック
遅い!!
ブロック
遅い!!
ぴょん
おい…ゲームなんだから割り切ってやれよ…
今のタイミング以外ありえないありえない…!!
ギギギ
ギギギ
この後こだわりを捨てたらちゃんとできるようになりました

他の競技も一通りやってみましたが
それぞれ面白くイイ感じで
運動不足を解消できました！
ザーッ
卓球
くっ!!
気分は愛ちゃん♡
中でも卓球はスゴイリアルだし
アーチェリー
気分は狩人♡
グラディエーターは1人倒す
だけで汗が!! 息切れが…!!
だ…大丈夫？
ハァーー
ハァーー
ウェッ ウェッ
次の日
あたたたた…
あてててて…
オレも上半身痛い…
消費カロリー表示されないので
どれぐらい運動になるか
不明でしたが
かなりいい運動になってるみたいです
ズキズキズキズキ
これ毎日やってたら
逆三角になるんじゃない？
ムキッ
それいいな…
※想像図
いよぉし今日もやるか!!
キャー がんばって キャー
ブンブーン
1週間後…
↓新作ゲーム
これクリアしたらやるから!!
これずっとやりたかったの!!
ゲーマーは新作出たら、そっちばっかりやっちゃう♡

挑戦④
徹…最後の聖戦
「これ(新作)クリアしたらやる」とか言ってた徹でしたが…
ゴロゴロ…
やっぱり…
結局クリアしても自らスポーツチャンピオンをやることはありませんでした…
ちょっと～クリアしたらやるんじゃなかったの～!?
せっかく買ったのに!!
う～ん…何か違うんだよね…
もっとこう熱い感じでさぁ…
あっホラコレとか良さそう!!
見て見て
どれどれ!?
パソコン
ジャーン
殴って殴って
肉弾
殴りまくれ!!
コレ!!
ゲッ…これは…!?
え～…コレ～?
スポーツチャンピオンかこれか迷ったんだけどこれがあまりにもムサ苦しそうで(私があんまりやりたくなくて)買わなかったんだよなァ…
わくわく
やってるうちに上半身がしまってきたってさ!!

評判も良いし
コレなら
続きそうな
気がするんだ
けどなァ～…
やってみたい
なァ～…
チラッ
チラッ
買えって
てか…
スポーツチャンピオン
だって1週間で
飽きちゃったのに
続くかなァ…まあでも
本人がやりたいって
やつをやった方が
長く続くかもなァ…
う――む…
よしっ じゃあ
君半分お金
出してね!!
ええ～!?
というわけで我が家に奥の手
第2弾がやってきました
ウラァ
あうっ
肉弾
START
ちょっと暗めで男くささ満点な
映画「ファイト・クラブ」のようなふんいき
基本1人プレイなので徹のプレイ
ぶりを見ていることにしました
シュッ
シュッ
早速ボクサー気分のようです
①キャラクターメイキング
まずは自分の分身となる
キャラクターを作ります
…どういじってもムサいキャラに
なります(男キャラしかいません)
・顔
・髪型
・体型
などを
選択して
好きなように
作れます。
徹のキャラはこうなりました
だる――ん
カッコイイキャラを作る
と思いきや、現実に
近い感じに作ってた
君…
エラいね…
まぁね

②コーチ登場
オレの言うことを聞けば勝てる!!
CGかと思いきや俳優のダニー・トレホだった→
うわぁ!!
コーチ・デュークさん
お前が腰抜けじゃなければな(笑)
ど〜〜ん
顔が怖くて口も悪いけどナイスなキャラでやる気UP!!
パンチはこうだ!!
フンフンフン!! やってみろ!!
オウ!!
ワクワク
一通り基礎動作を教えてもらい…
パンチ
モタモタすんな!!
シュッ シュッ
ガード&回避
いいぞ!!
いいぞ!!
ちょっぴりデューク気分
よし基本は以上だ!!
よくやった!!
ハァー
ハァー
しんどそう
③いよいよ実戦!!
ぬうん
30秒以内に倒せ!
このゲーム…
ギャア
ギャア
いよーし!!
もっと前出ろ!!
スタミナないぞ!!
ガード下げるな!!
サッ
そこだ!!
ボディー狙えボディー!!
見てる方もデュークになったつもりで応援したり野次を飛ばしたりして楽しめます!!

なんてザマだ!!
お前なんなんだそれは!!
ゼェゼェ
うるせーよ!!
倒せなかった
…でもやりすぎると怒られるので気をつけてください!!
またこのゲームはスポーツチャンピオンより激しい動きのようで試合やトレーニング後の息切れ具合は見てて心配になるぐらいです…!!
消費カロリーが表示されるのでつい頑張っちゃうらしい…
よし…ひゃ…100キロカロリー…!!
ゼェ…ゼェ…
ちょっと…大丈夫…!?
そんなこんなで徹とデューク、そして私の肉弾生活が始まりました
ボコン ボコン
ハァハァ…
意外としんどいトレーニング
猛者達との戦い
ゴゴゴゴ
そして勝利
しばらくそんな毎日が続きましたが…
数日後——
ジョー…!!
消費カロリー 605kcal
ソフト代金 3,980円
5日くらいでもえつきたようです(真っ白に)

ダイエットに効果ありの運動

運動にどうも効果がなかった徹…。
しかし、ここであきらめず『死なないぞダイエット』さんに、
何とかする方法がないか聞いてきました。すると！
筋トレをゆっくり行うことで楽に筋力がアップする「スロートレーニング」。
このスロトレと有酸素運動をうまく取り込むとダイエットに効果ありだそうです！
この２つの運動を同時にやっちゃうのが、夢の運動「スロ〜〜〜〜〜ジョギング」。

❗ 運動は、ちょっとやせかけてから始めるといいそうです！

スロ———ジョギングのポイント

歩くスピード並み（時速４～６ｋｍ）にもかかわらず、消費カロリーはウォーキングの 1.6 倍もあります。
○背筋を伸ばして、アゴは上げ気味
○やや前傾姿勢
○1日30分を目標に（10分×3回など細切れでもOK）
○ニコニコ&おしゃべりできるペースで
○きついと感じたら歩く
○歩幅と足音を小さくして走る

妻は？
徹がダイエットを始めてしばらく…
シャシャ
ムム
……
あのさぁ…
お前は
やせなくて
いいのか？
えっ？
えっ？
じゃないよ…
前は
やせるやせる
言ってたのに
最近食べ放題
なんじゃない
？
ていうか
ダイエット中の人の前で堂々と食うなよ…
おかし
あ～……
わ…私は
アレだよ!!
標準体重だから
いいんだよ!!
標準が一番病気
しずらいって
言うし!!
健康は大切
だし
ペラ
ペラ
……
…まぁ お前が
そう言うなら
それでいいんじゃ
ない？
フッ…
お前の
中ではな…
私だって重々
わかってはいるん
ですよ…!!
じゃあな…
ぐぬぬ…
やせなきゃ
いけないって事ぐらい…!!

写真を撮れば高確率で二重アゴ…
(リアル)
オウ…!!
タプーン
服を着れば腕・太ももパツパツ
こういうデザインは危険!!
特に右腕
血流が!!
グギギ…
パツーン
パツーン
強そう!!
高身長×二重アゴ×パツパツ⇓
ぬぼー
ぬりかべという印象
これでもなんとかしようと 長年ダイエットしてきたんですよ…
ただでさえ私の方がデカイのに…!!
ひょろ〜
特に結婚前は徹の方が断然細かったので必死でした…
流行のダイエット法にはとりあえず手を出し…
ウボァー
ビール酵母
(まずすぎた)
いてててててて
アブトロニック
(痛かった)
ステッパー的なもの
(2日であきた)
もつかれるな
モチャモチャ
朝バナナ
(3日であきた)
雑誌のやせ体操を試し…
小顔マッサージ
ふおおおおお！キツイキツイ!!
(続かず)
最終的には雑誌の後ろの方にのってるダイエット食品ややせるサプリメントに手を出し…
金で解決
話題
みるみるやせる!!
やせる
激やせ
15,000円
脂を減らす!!
食べた分をリセット
確実にやせる…!!
バーン
そして…!!

全くやせず…!!
あんだけお金かけて全然やせないとか…
いつもよりショック大→
ゲッソリー
結局そのまま結婚しました
ずう———ん…
結婚後は何故か徹がグングン肥え始め…
徹の体重
急上昇!!
久絵の美意識
急下降!!
それと反比例して私のやせる気力が無くなっていき…
徹の体重が私の体重を上回った頃…
アレ…もう私やせなくていいんじゃない?
まるまる
オイコラ…
とうっかり!! 無意識に思ってしまったのです!!
そして…二重アゴを指摘されても
二重アゴが何だ!! 健康ならそれでいいじゃないか♡
健康一番!!
ぐっ
と言っちゃうようになり今に至ります
とはいえ一応やせる気はありますよ ちょっとは
徹が本当にやせたら本気出す!!
今は食う!!
サクサク
か〜る
…徹がダイエット開始から数週間後…
じゃあ行ってくるからー!
夜行バス
気をつけてー
久々に実家に帰ってきました
(山奥)

久々に学生の頃の友人と札幌で遊びました
きゃい♡
久しぶりー!!
カジュアル系
お姉さん系
きゃい
かわいい系
彼女らの素晴らしい女子オーラに打ちのめされ『女子力上げよう…!!』と思う事は毎回なんですが…
まぶ…まぶしい…
今回それを上回る衝撃的な出来事が…
ここ見ていい?
うん見よー
入ったのはワンサイズ展開しかしていないお店だったので
ここの服かわいいけど丈がね～あと袖丈がね～～～ちょっとね～
といつものように高身長を理由に言い訳してたら
ん!?!!
同じくらいの身長の店員さんがすてきに着こなしてました
スラ～リ
推定172cm
うわあああああ
ここの服って身長どうこう関係なく着られるんですね…!!
こうしてボロボロ打ちのめされて帰ってきました…
やせよう…乙女心を思い出そう…!! そしてすてきな感じになるんだ…!!
ただいま…
おかえり～
宣言しないでやせたらカッコいいな…
君より先にやせちゃった…☆
ゴメンネ♡
スラァ～
ちくしょう…!!
よしこっそりやせよう…へへへ…
帰ってくるなり気持ちわりぃな…
グフフ…グフッ
というわけで私もこっそりダイエット始めました!! 目指せ!! 非二重アゴ!!

妻のまとめ

久絵の体重（目標）

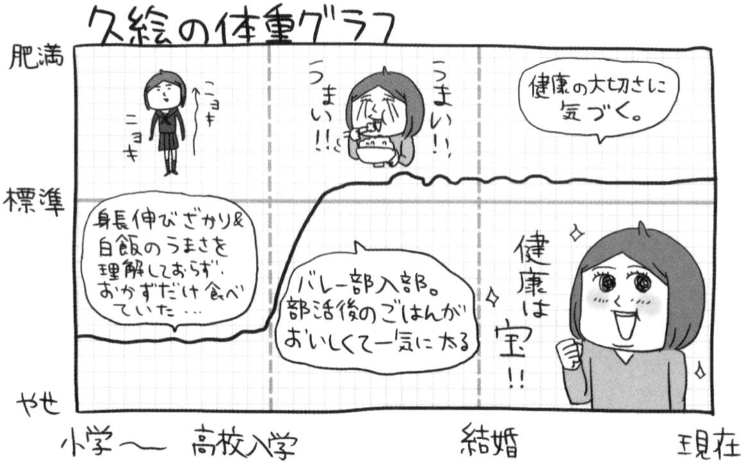

久絵の体重グラフ
肥満
標準
やせ
小学〜
高校入学
結婚
現在
ニョキ
ニョキ
身長伸びざかり&白飯のうまさを理解しておらず、おかずだけ食べていた…
うまい!!
うまい!!
バレー部入部。部活後のごはんがおいしくて一気に太る
健康の大切さに気づく。
健康は宝!!

万年ダイエッターの私でしたが、
「標準体重が一番長生き、病気しない！」というのを
どこかで見てから、「健康ならいいか！ 健康って大切！」と、
あまり努力しなくなりました。
そんな、女を棄てかけたある日。
自分と同じぐらいの身長の店員さんの輝き…☆
よく見ると結構いる、高身長ですらっとしたすてきなお姉さん…☆
私はこのままじゃ、
ただの巨漢オバサンになってしまう…！
という事で、もう一度！！
すてきな妻を目指したいと思います…！
目指せ美容体重！ あとマイナス５キロ！
目指せ非二重アゴ！（重要！）
徹より先にやせて、
デキルところを見せつけてやろうと思います！

多分10kg以上差がある…

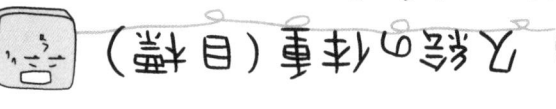

第4章

体質改善でやせる

男性にしては珍しく（？）、便秘体質の徹。

元便秘の私がかる〜く

解決してあげようと決意しました。

ダイエットだけでなく、健康に。

これが妻の望みです。

徹は詰まり気味
運動のおかげで(?)若干動きがあったものの…
72〜73kgの間でまごまご…
とおるの 計るだけダイエット
73
72
71
70
69
言い訳欄
相変わらず徹の体重は停滞気味です…
うーん…
体重減らない原因はやっぱり…
コレ《便秘》のせいなのかな…
70kg
69kg
言い訳欄
×××△×○××△×
排便の有無チェック欄
ずーーん
そうなんです… 徹は便秘系男子なんです…!? (今風に言ってみました)
3日に1回出れば良い方かな…
まだ出ていかないぞ☆
ますますポンポコリン
ずっしり…

一方私は
か…
ぽっ…
快便系女子…ということになりますかね…
(今風に言うと)
ほぼ毎日出てます!!
そういえば昔は私もかなりの便秘系だったわ…
1週間出てない…
肌あれ
下腹部パッツパツ
会社勤め時代
お！どうやって治したんだ？
えーと…
某便秘薬のCMに倣って運動したり…
おしり歩き
ズリズリ…
せっせと食物センイを摂取!!
モシャモシャ
サラダ
玄米
…したものの
イマイチ効果出ず…
…便秘解消法を聞きたいんだけど…
ついには薬に手を出し
これまで体験したことないぐらいの腹痛にみまわれ…!!
(出たけど死ぬかと思った)
グルルルル
センナ茶
便秘薬
って感じで長年苦しんでたけどいつの間にか治ってたよ!!
イエーイ
全く使えねぇな…
何が良かったんだかわかりませんが便秘時代に得た知識で徹の便秘をなんとかしてあげようと思います

便について

便秘のせいで、なかなか体重の変化が見られない徹…。いったいうんちの重さはどれくらいなのか？　計ってみようと思います。そして、うんちがいっぱい出るようになったら、体質も改善されて、ダイエットも成功に近づくはず！

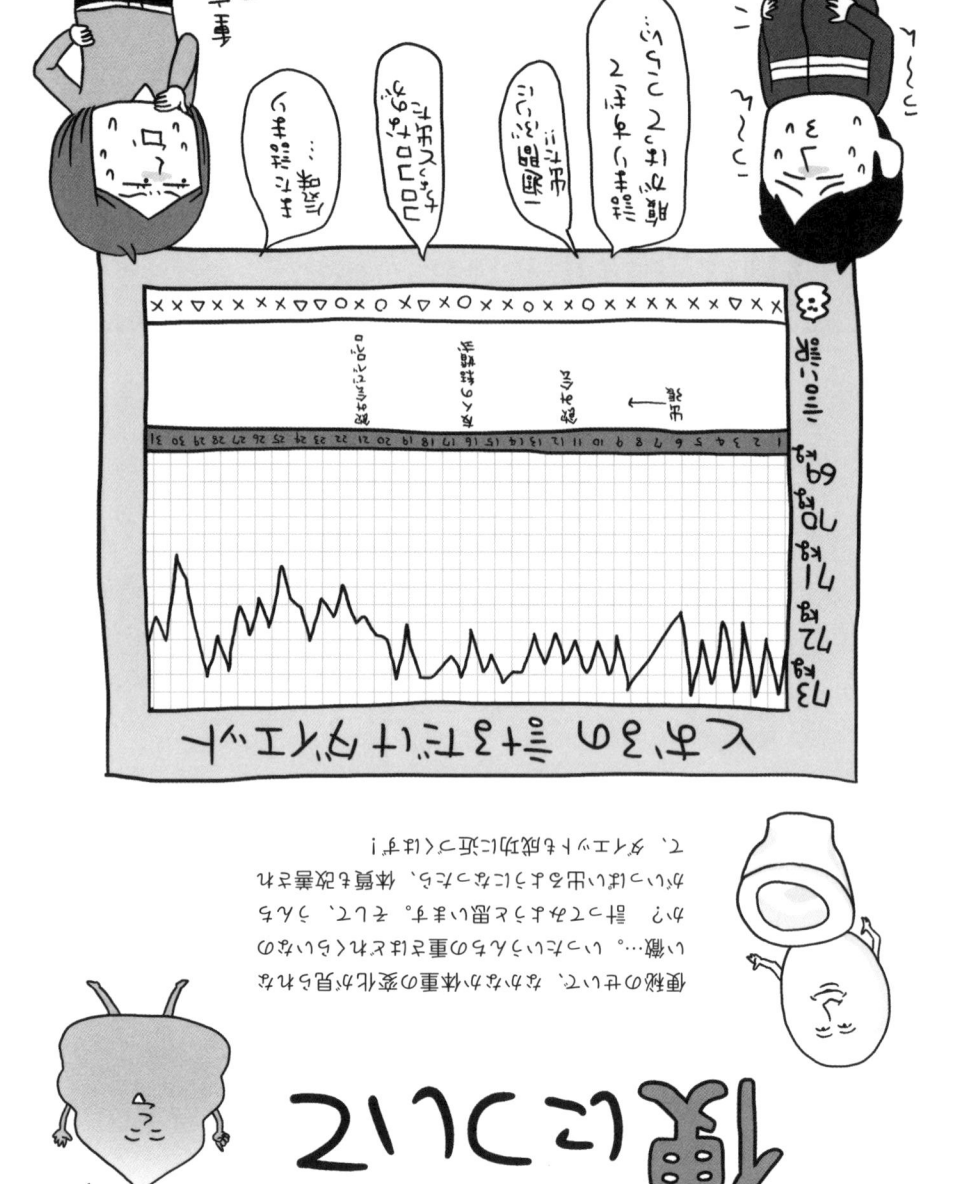

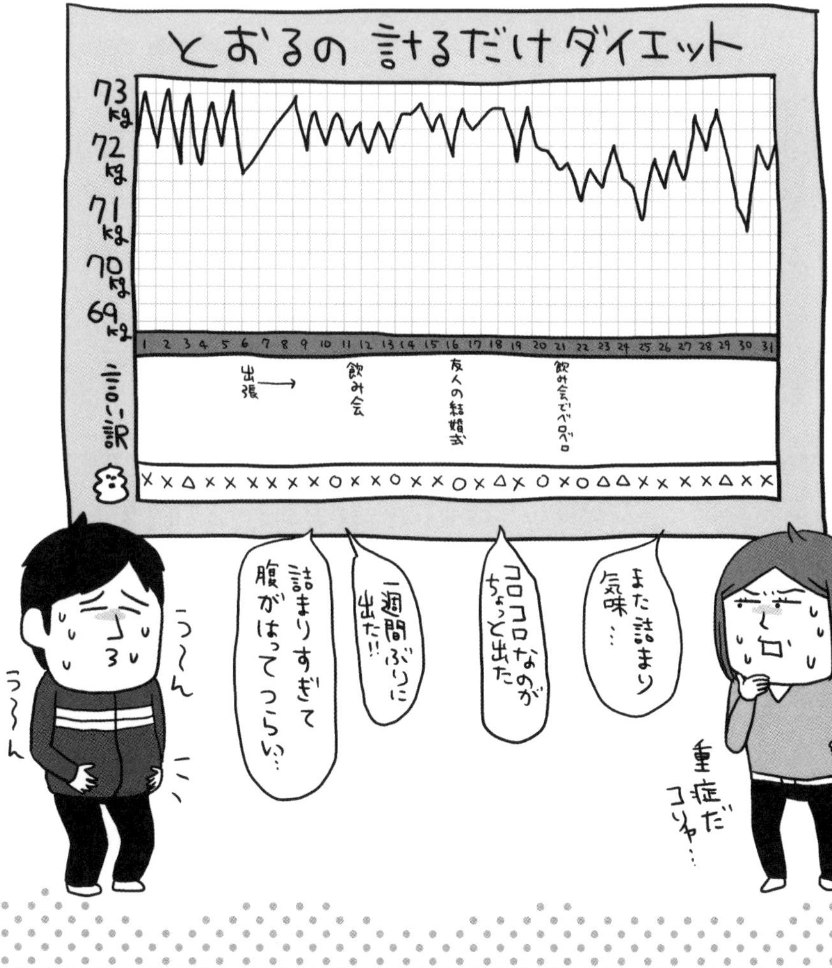

とおるの 計るだけダイエット
73kg
72kg
71kg
70kg
69kg
1 2 3 4 5 6 7 8 9 10 11 12 13 14 15 16 17 18 19 20 21 22 23 24 25 26 27 28 29 30 31
言い訳
出張→
飲み会
友人の結婚式
飲み会でベロベロ
× × △ × × × × × × ○ × × ○ × × ○ × △ × ○ × ○ △ △ × × × × △ × ×
うーん
うーん
詰まりすぎて腹がはってつらい…
一週間ぶりに出た!!
コロコロなのがちょっと出た
また詰まり気味…
重症だコリャ…

便のはかり方

～２つの体重を計ろう～

① 朝食後、排便なしの体重

② 排便後の体重

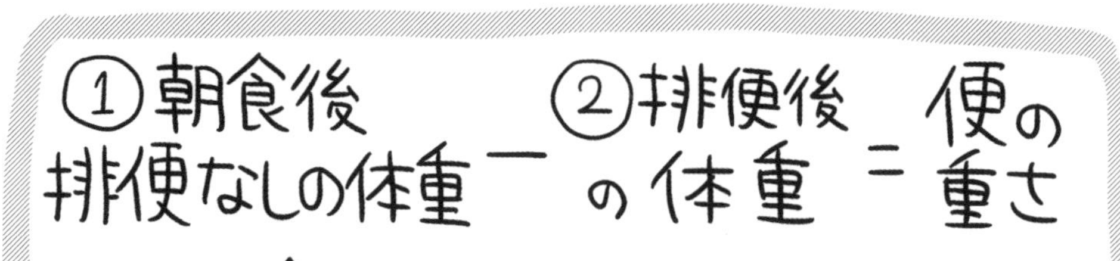
①朝食後
排便なしの体重 － ②排便後
の体重 ＝ 便の
重さ
食べた
食べた…
ピッ
ジャ
トイレ
おお!!
減ってる!!
ピッ
さようなら…

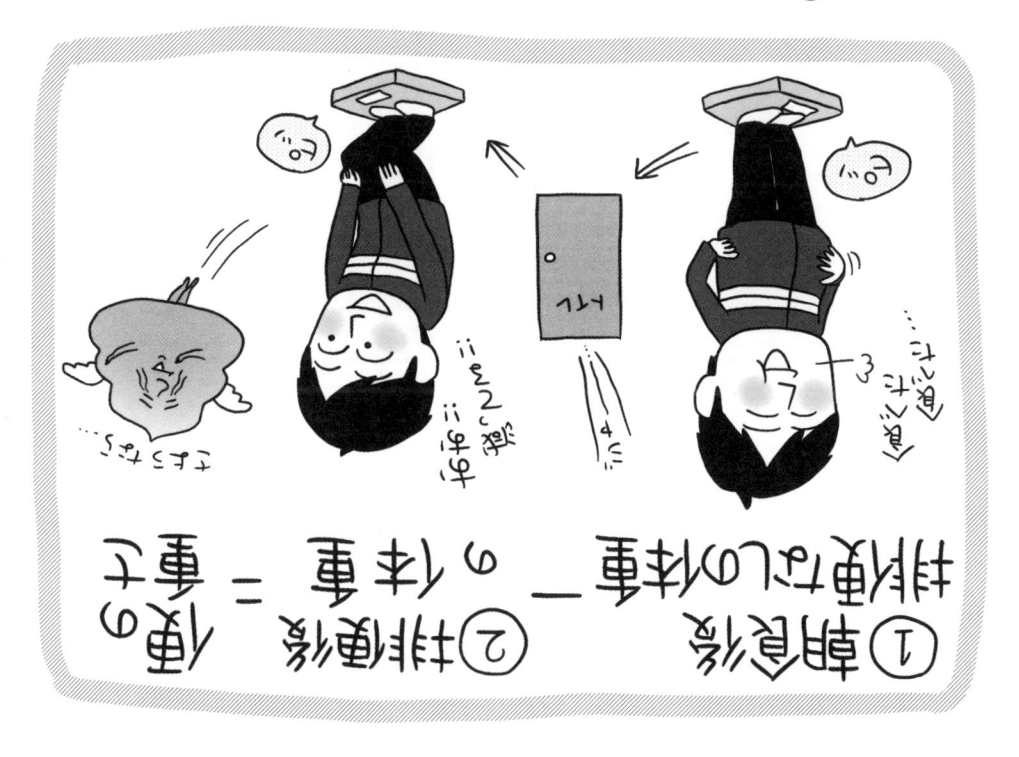

❗ 同じようなやり方で、尿の量もはかることができます。

寒天
前より野菜食べてるし
食物繊維の摂取量は
増えたハズ…
一汁三菜
ふむ…
※探偵です…
なのに治らないと
すると答えはひとつ…
今まで
以上に食物
繊維を
摂取する
のだよ
ワトソン君
!!
ドーン
…じゃあ
頼むわ
ワトソン君って言いたかっただけ
と言っても今以上に
手間かかるのは
辛いな…
何か楽に
摂取できるもの
ないかな〜
カタカタ…
——といつものように
ネットで調べると…
ありました!!
粉寒天!!
そういえば
昔流行したよね
コレ!!
お好みの
ホットドリンクに
溶かすだけ☆
粉寒天
とってもカンタン☆
食物繊維はもちろん
食物せんい
含有率No.1!!
コレステロールを
下げる!!
大腸ガンを
予防する!
買うしか
ないでしょ
コレェ…
血糖値を
下げる!
血圧を
下げる!!
調べれば調べる程
体に良いぞという情報が…!!
近くの店に無かったので
通販しました
期待を込めて
大袋!!
約2500円
粉末寒天
300g
糸寒天
(カット)
15g
よさげだったので
ついでに購入
約500円
通販って本当に便利ですね…

寒天活用① 寒天茶
コーヒーに入れてみよっと♪
パラ パラ…
粉寒天
よ～く混ぜてっと……ん？
まぜ まぜ
何ということでしょう…コーヒーの香りを打ち消す程の**磯の香り**が辺りに充満したじゃありませんか…!!
モワッ～ン
臭!!!
おかしい…レビューじゃそんな事書かれてなかったぞ…!!
味は普通なのかも…!?
ずずずっ
磯の味がする…
だあ
ザザーン…
その後レビュー調べまくった結果たまに？すごく磯臭い事があるようで私はソレに当たってしまったようです…
寒天活用② 寒天デザート
こんな磯臭いものもう関わりたくありませんでしたが…
300グラムも買っちゃったし何とか消費せねば…
カタ カタ
次に目に入ったのが寒天を使ったデザート
ようかん
ところてん
牛乳かん
フルーツあんみつ
杏仁豆腐
おいしそー♡
磯臭いデザートにならない事を祈りつつ一番簡単そうな牛乳かんを作ってみることに

作り方
① 鍋に水200ccと粉寒天4gを入れ、混ぜながら火にかける。
② ふっとうしたら弱火にして、混ぜながら2分程煮る。
すんごい磯臭い…
もん もん
③ 砂糖大3～4を加え煮溶かす。
④ 寒天液のあら熱をとり、常温の牛乳300ccを加える。
冷たいまま加えると、よく混ざりきらないうちに固まっちゃいます
MILK
⑤ 水でぬらした容器に流し入れ、冷やして完成!!
いちごやキウイ、みかん缶など、フルーツを入れて固めても♥
みかん
つる～ん
肝心のお味は…
磯臭くない!! 普通に食べれる!! 良かったぁぁ～
うん 普通
寒天ムダにしないで済みそう～!!
ちなみに②の工程を省くと磯臭さ満点の牛乳かんになりました…気をつけてください!!!
色々固めてみましたが
材料
粉寒天 2g
豆乳 200cc
牛乳 300cc
牛乳で寒天液を作って、豆乳(常温)を入れて固める!
豆乳+牛乳かんに黒みつときな粉をかけて食べる豆乳花風が一番おいしかったです!
その後も色々なレシピに挑戦し…
(簡単なやつ限定)
米一合に対して粉寒天1g入れて炊くだけ!
モグモグ
へへへ…
バレてないバレてない…
寒天活用③ 寒天ご飯
磯臭さは全く無し! ちょっぴりもちもちな食感に。毎日炊いてます!
寒天活用④ ポン酢ジュレ
冷やっこにかけるだけで何だかとってもオシャレくさいです!!
ステキ♡
キャー♡
作り方は牛乳かんと同じ! めんつゆやドレッシングでも応用出来そう!
材料
粉寒天 1g
水 220cc
ポン酢 200cc

寒天活用⑤ 糸寒天色々
粉寒天と一緒に買った カット糸寒天は 更にお手軽でした!! (磯臭くないし!!)
味はしないけど 食物せんいUP!!
ひとつまみ パラッと
みそ汁やスープ等に 直接 入れる!
水もどしして 水気をよく切り、サラダや和え物に!
頼んだぞ!!
糸寒天
味はしないけど 食べごたえUP!!
そんなわけでこんな感じの 食卓になりました
寒天づくし!!
無味なので 特に文句は 無いらしい
糸寒天入り みそ汁
寒天ごはん
たまに 寒天デザート
ポン酢 ジュレ
糸寒天入り サラダ
毎日無理なく続けられる ところがとってもイイです!!
数日後
どうかね うんこの 調子は!!
効いてきた でしょ～!?
……
出てない けど… っていうか むしろ ちょっと悪化 してる気がする んだけど…
このとおり…
ポンポコリーン
あれれぇ～!?

便秘
より確実な情報を得るため図書館で便秘の本を借りてきました
私が詰まってるんじゃないんです!! 夫なんです!!
お願いしまーす…
(ものすごく詰まってる人のようでちょっぴり恥ずかしかったです…)
読み始めて数分――…
な…なんだってー!!
衝撃的な一文を発見…!!
便秘知識♡ 食物繊維をせっせと取るのは良いけど水分もちゃんと取らないと便が硬くなってますます悪化してしまいますよ…
あ〜 原因はコレか…
徹 あんまり水分取らないし… コーラ断ちしてますます飲んでないし…
…ということは⁉ 私の便秘が治ったのも主婦になってお茶やらコーヒーやらを一日中飲むようになったからかもなあ!!
ガブガブ
常に何かしら飲んでる
TEA
解決だーっ!!
じゃあ徹に水をガブガブ飲んでもらえば出るんだね!!
ちょっと待ってください…
待て待て
まだ何かあるんすか…
水分 食物繊維の他にも便秘改善に必要なものがあるのです
どーーーん
それは…この7つだっ!!
そもそもアナタは何なんですか?

1.水分

はたらき　便を軟らかくさせ、腸の反射を起こす
朝起きてすぐコップ１杯の冷水を飲むと
反射でぜん動運動が起こりやすい！

1日の摂取量　1.5〜2リットル

夏は多めに！

オススメの摂取方法　・ミネラルウォーター
・にがり水

オススメの理由は便秘に有効なマグネシウムが含まれているから。
にがりはナトリウムも多く含まれているので摂りすぎに注意！

2.食物せんい

はたらき　便のかさを増やし軟らかくする

1日の摂取量　25グラム以上

オススメの摂取方法　不溶性食物繊維と
水溶性食物繊維の割合は
「2:1」になるのが理想

食物せんいに
種類なんてあったのか…

3.乳酸菌

はたらき　腸内の細菌バランスを改善する

1日の摂取量　それぞれの製品の説明書を参考に

オススメの摂取方法　乳酸菌の薬や、植物性乳酸菌の入った
ヨーグルト・飲料水など

フフフ…
植

植物性の乳酸菌は生命力が強く、
生きたまま腸に届きやすい！

4.オリーブオイル

はたらき　小腸を刺激する

1日の摂取量　15〜30ミリリットル

オススメの摂取方法　パンにつけたり、
サラダにかけたり…

オリーブオイル

高カロリーだから、他のところで
摂取カロリーを調整してね

5.オリゴ糖

はたらき　腸でビフィズス菌のエサになる

1日の摂取量　最低3〜5グラム

オススメの摂取方法　・果物や豆乳等、オリゴ糖が
含まれている食品
・甘味料として売られている
オリゴ糖を砂糖の代わりに使う

6.マグネシウム

はたらき　腸管のはたらきを良くする

1日の摂取量　マグネシウムが豊富な
昆布・ほうれん草・ひじき・
玄米・納豆・カキ・カツオ・ごま・
さつまいも・落花生などから
1日1品目以上を食べる

7.ビタミンC

はたらき　ガスを発生させ、ぜん動運動を活発に

オススメの摂取方法　野菜や果物から摂るのが一番。
難しい場合はサプリメントが手軽。
朝起きてすぐの空腹時に1〜2グラム摂ると効果的。

以上!! 便秘改善に必要なもの7つでした ー!!
こりゃ大変だな…
ウェ〜…
これを続けるのはけっこう根気がいると思うけどやれるとこから少しずつやってけばいいですよ…
頑張って!!
そ…そうっすね!! 徹の健康のためにもできるだけ頑張ってみます!!
そして徹の腸内を
住みよい腸内♡
善玉菌の楽園にしてみせますよ!!
イメージ図
その意気です…応援していますよ…では私はこれで…
ありがとう うんこの精…
…という事で早速うんこの精(私の妄想)から教わった事を実践していきたいと思います!!
まずは水分からいってみよう!!
ウオー!!
①水分
便秘の本でオススメされてたからちょっと飲んでみてよ!!
どれどれ…
コントレックス(100ml当り) マグネシウム7.45mg

だ
あ
うわぁ
これは絶対無理!!
健康によくてもマズイものは作ない派
え～?
そんなに～?
健康にいいものなら多少マズくても作る派
その後にがり水を試してみましたが「ウエェ～…」との事でした
色々なミネラルウォーターを試しましたが
炭酸水は便秘にも良いというウワサも…
500ml×24本
約1500円～2000円
サンペレグリノ(100ml当り)
マグネシウム5.2mg
炭酸入りのミネラルウォーターならわりと飲みやすいぞ!!という事がわかりました
それでもあまり単品じゃ飲む気がしないとか言うので
オススメ!!
キッコーマン
蜂蜜柚子酢500ml
(約700～800円)
これが一番好評!
すっきりおいしくカロリーも控えめ。
蜂蜜柚子酢
ミツカン
ブルーベリー黒酢500ml
(約700～800円)
飲みやすい!牛乳で割ってもおいしいです…
ブルーベリー黒酢
果実酢を入れたら飲むようになりました
(ますます健康っぽい!!)
カロリーが高い製品もあるので注意です!
…とここまで用意しても頑張って水分を取ろう!!という気概を全く見せない徹…
ちょっと～全然飲んでないじゃん!!少しは水分取るように頑張ってよ～
出してくれたら飲むよ
作ってきて♡
誰の便秘だよ!!
仕方ないのでなかば無理やり飲ませる感じに…
ハイ
おはようございまーす
寝起きの一杯
ジャ
うお
さぁ
トイレ後の一杯
おつかれさまでーす
まだ着替え中!!
風呂上がりの一杯

②食物繊維
不溶性と水溶性を2対1と言われてもな〜…むずかしいぞ!!
寒天の割合わかんないし…
食物せんいの多い食品一覧
表を見た感じ我が家では水溶性が多い食材をあまり食べてないようだったので水溶性が多い食物を多めに食べることにしました
にんじん ごぼう
納豆
果物
これで精いっぱいです…
スンマセン…
水分と共に果物を出すと何だか受験生を応援する良い母気分が味わえ、一石二鳥です(?)
ウフフ♡
頑張ってる〜?おやつの時間ですよ〜
うおうっ
水出し活動を行ってる内に
お腹の調子はどうだい?
う〜ん…前よりは便が軟らかくなってきたような気がしないでもない
前はコロコロなのが多かった
若干改善のきざしが!!? もっと良くするために他のもどんどん試していく事に
③乳酸菌
飲料タイプと錠剤タイプ試してみましたが効果がイマイチわからなかったので錠剤タイプを飲んでます
錠剤の方が消費期限が長いので…
あーん
④オリーブオイル
今までパスタにしか使ってませんでしたがちょっと調べたらオリーブオイルを使ったレシピがたくさん出てきました!!
野菜のオリーブオイル蒸し
好きな野菜、ベーコン、ウインナーを てきとうに切って、オリーブオイル、にんにく、塩こしょうを加え弱火で30〜60分蒸す。
追いオリーブ
しちゃう?
野菜が甘くておいしいー!!

詳しくはp.124♡

⑤オリゴ糖
1Kg 約3~400円
砂糖の代わりに何にでも使うようにしました
コーヒーにもヨーグルトにも料理にも全部オリゴ糖!!
オリゴ糖
⑥マグネシウム
オススメの摂り方に加えにがりをせっかく買ったのでごはんを炊くときに少量入れてます
3合に対してにがり5って10滴ぐらい?
寒天にがりごはん…というスゴイ事になってますが味は普通です!!
ツヤツヤ
「ご飯がふっくらつやつやに炊ける!!」らしいですが違いがよくわかりません!!
⑦ビタミンC
ビタミンCは熱に弱いと聞いたのでビタミン剤を一応飲むようにしました(しかし飲み忘れ率高)
ビタミンC
安いの買ったら粒が巨大だった…
ジャ~
バタン
フ~…
…という生活を始めて2週間
ど…どうだった…?
やれる事は全部やったけど…!?
「3日に1回出ればいい方」から「3日に1回は出る」ようになりました!!
ちゃんと出た!!
スッキリ!
コロコロじゃないやつ!!
うんこ成績
○××○×○△○
よかったね…
お~!! よくなってきてるね!!
1日1回出すのを目標にこれからも続けていこうと思います!

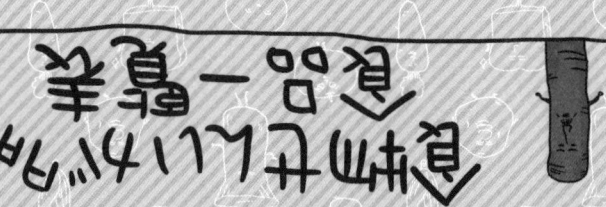

食物せんいが多い食品一覧表

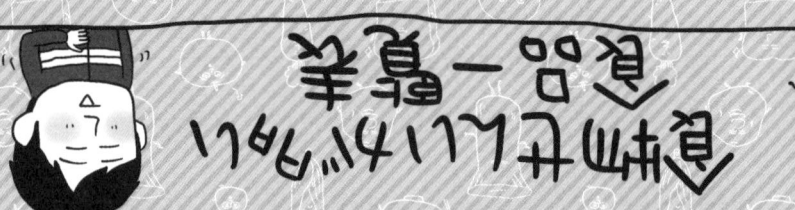

F.I値 とは…

$\dfrac{\text{カロリー（食材100グラム中の）}}{\text{食物繊維（食材100グラム中の）}}$

◎ F.I 値が低いほど、カロリー低く、食物繊維量が多い！

S.F値 とは…

総食物繊維量に占める
水溶性食物繊維の比率

1. 穀類・麺類

食品名	カロリー（kcal）	食物せんい（g）	水溶性食物せんい（g）	不溶性食物せんい（g）	F.I値	S.F値
ライ麦パン	264	5.6	2	3.6	47	36
そば	132	2	0.5	1.5	66	20
ひえ	367	4.3	0.4	3.9	85	9
パスタ（ゆで）	149	1.5	0.4	1.1	99	27
アワ	364	3.4	0.4	3	107	12
食パン	264	2.3	0.4	1.9	115	17
うどん（ゆで）	105	0.8	0.2	0.6	131	25
精白米	168	0.3	0	0.3	560	–

「排便力」をつけて便秘を治す本（松生恒夫著、マキノ出版）より引用。

2. 果物類

食品名	カロリー（kcal）	食物せんい（g）	水溶性食物せんい（g）	不溶性食物せんい（g）	F.I値	S.F値
ブルーベリー	49	3.3	0.5	2.8	15	15
キウイフルーツ	53	2.5	0.7	1.8	21	28
イチゴ	34	1.4	0.5	0.9	24	36
イチジク	54	1.9	0.7	1.2	28	37
アボカド	187	5.3	1.7	3.6	35	32
リンゴ	54	1.5	0.3	1.2	36	20
グレープフルーツ	38	0.6	0.2	0.4	63	33
バナナ	86	1.1	0.1	1	78	9
ブドウ	59	0.5	0.2	0.3	118	40

3. 豆類・藻類

食品名	カロリー(kcal)	食物せんい(g)	水溶性食物せんい(g)	不溶性食物せんい(g)	F.I値	S.F値
寒天(もどし)	3	1.5	–	–	2	–
もずく	4	1.4	–	–	3	–
わかめ(もどし)	17	5.8	–	–	3	–
おから	111	11.5	0.4	11.1	10	3
大豆(ゆで)	180	7	0.9	6.1	26	13
納豆	200	6.7	2.3	4.4	30	34
そら豆(ゆで)	112	4	0.4	3.6	28	10

4. 野菜類

食品名	カロリー(kcal)	食物せんい(g)	水溶性食物せんい(g)	不溶性食物せんい(g)	F.I値	S.F値
ぶなしめじ(ゆで)	21	4.8	0.2	4.6	4	4
マッシュルーム(ゆで)	16	3.3	0.1	3.2	5	3

食品名	カロリー（kcal）	食物せんい（g）	水溶性食物せんい（g）	不溶性食物せんい（g）	F.I値	S.F値
オクラ（ゆで）	33	5.2	1.6	3.6	6	31
ゴーヤ	17	2.6	0.5	2.1	7	19
モロヘイヤ（ゆで）	25	3.5	0.8	2.7	7	23
ブロッコリー（ゆで）	27	3.7	0.8	2.9	7	22
ごぼう（ゆで）	58	6.1	2.7	3.4	10	44
レタス	12	1.1	0.1	1	11	9
きゅうり	14	1.1	0.2	0.9	13	18
キャベツ（生）	23	1.8	0.4	1.4	13	22
にんじん（ゆで）	39	3	1	2	13	33
かぼちゃ（ゆで）	60	3.6	0.8	2.8	17	22
玉ねぎ（ゆで）	31	1.7	0.7	1	18	41
トマト	19	1	0.3	0.7	19	30
とうもろこし（ゆで）	99	3.1	0.3	2.8	32	10
さつまいも（蒸し）	131	3.8	1	2.8	34	26
じゃがいも（蒸し）	84	1.8	0.6	1.2	47	33

苦情が来ない!!

入江家の改善献立

シェフ入江
食べ合わせとかは自信無し!!

ランチプレート、シリコンスチーマー、揚げない揚げもの…
そして便秘解消法を学び !!
（最初と比べて）大幅に改善された我が家のメニューを !!
温かい目でご覧ください。

自分ルール

1. できるだけ食品数多く!!
2. できるだけ腸によさそうなものを!!
3. できるだけ がんばる!!（たまに サボる）

焼き魚プレート

小スペースは作りおきや
市販のもので埋める事が
多いです !!
テヘヘ…。

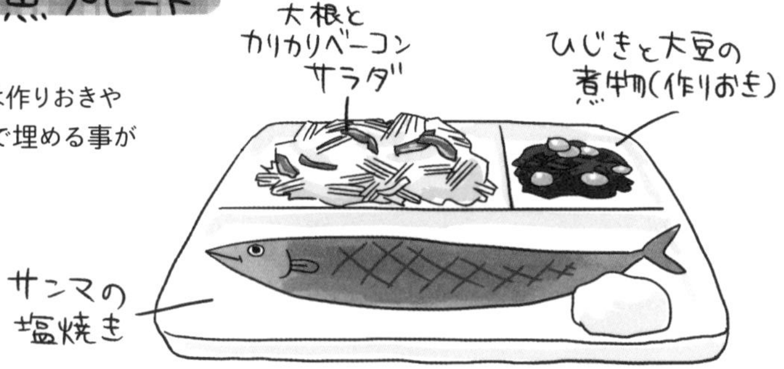

大根とカリカリベーコンサラダ
ひじきと大豆の煮物（作りおき）
サンマの塩焼き

とりの照り焼きプレート

キャベツとベーコンの煮びたし
納豆冷ややっこ
とりの照り焼き（スチーマー）

スチーマー大活躍中です。
これがないと３品作れる
気がしません…。

和風きのこパスタプレート

アボカドとトマトのサラダ
ピリ辛コンニャク（スチーマー）
和風きのこスパゲッティ（スチーマー）

シリコンスチーマーで
パスタも作れちゃうなんて…
簡単なのにちゃんとおいしいです。

肉じゃがプレート

むしどり入りサラダ（スチーマー）
きんぴらごぼう（作りおき）
肉じゃが

実は３品とも
シリコンスチーマーで
作れちゃうんですが、
たまには鍋で作ろう
かなと…へへッ…。

揚げないトンカツプレート

長いも梅肉あえ
なめたけおろし（スチーマー）
揚げないトンカツ

揚げてはいないけど
食べごたえ十分
なので後の２品は
ヘルシーに!!

苦情減らし法

ぴっちり
はい
ダイエットおかず100
スチームレシピ

３品考えるのも結構大変なので、レシピ集を徹に渡し、「食べたいものふせんしておいて！」と言ってみたところ、予想以上にふせんベッタベタ貼ってくれました。自分じゃ絶対作らないようなレシピにふせんが貼ってあったりで、レパートリーが増えました!!　万が一マズくても「君が食べたいって言ったんだろ～」と責任転嫁でき、一石二鳥です!!苦情が多い方、ぜひお試しください!!

健康診断①
今年も健康診断の時期がやってきました
健康診断 入江徹
年齢 26歳
備考【要観察】肥満
去年『要観察・肥満』と書かれた
今年は禁煙して3キロ増えてます!!
いってらー☆
お医者さんに怒られてくるといいよ…☆ そしてもうちょっと本気になってくれ…
あ～嫌だな～…
が――…
ただいま～
異常なしだってさー!
異常なし
パァアアアア
えっ!?
怒られるどころか禁煙したら皆2、3キロ増えるって…これは仕方ないですよ～って励まされたわ!!
ハハハ…
なぜ…!?
お医者さん!?
健康診断②
異常なしの診断をされてからというもの…
たまにはいいよね～♡
あっ
ジュース
ドボボ
ダイエットのやる気がゆるんできました
ちょっと…
異常なしって言われたけどBMI的には君肥満なんだからね!!
……
自重して自重ー!!
BMI 25.1 (肥満)
タバコ再開したらやせると思うけど…?
ニヤリ…
私が禁煙してほしいのをわかってて言ってます
こういう奴がいるから強く言えないんだな…
コノ野郎…
吸えばすぐやせれるけどどうしよっかな～ 吸っちゃおっかな～
お医者さんも大変ですね…

第5章

心理作戦でやせる

体重はゆるやかに減りつつあるのに、

どんどんやる気が無くなっていく徹。

策士と呼ばれてみたいこの私が、

うまく夫の心を手玉に取り、

やる気にさせてみせましょう！

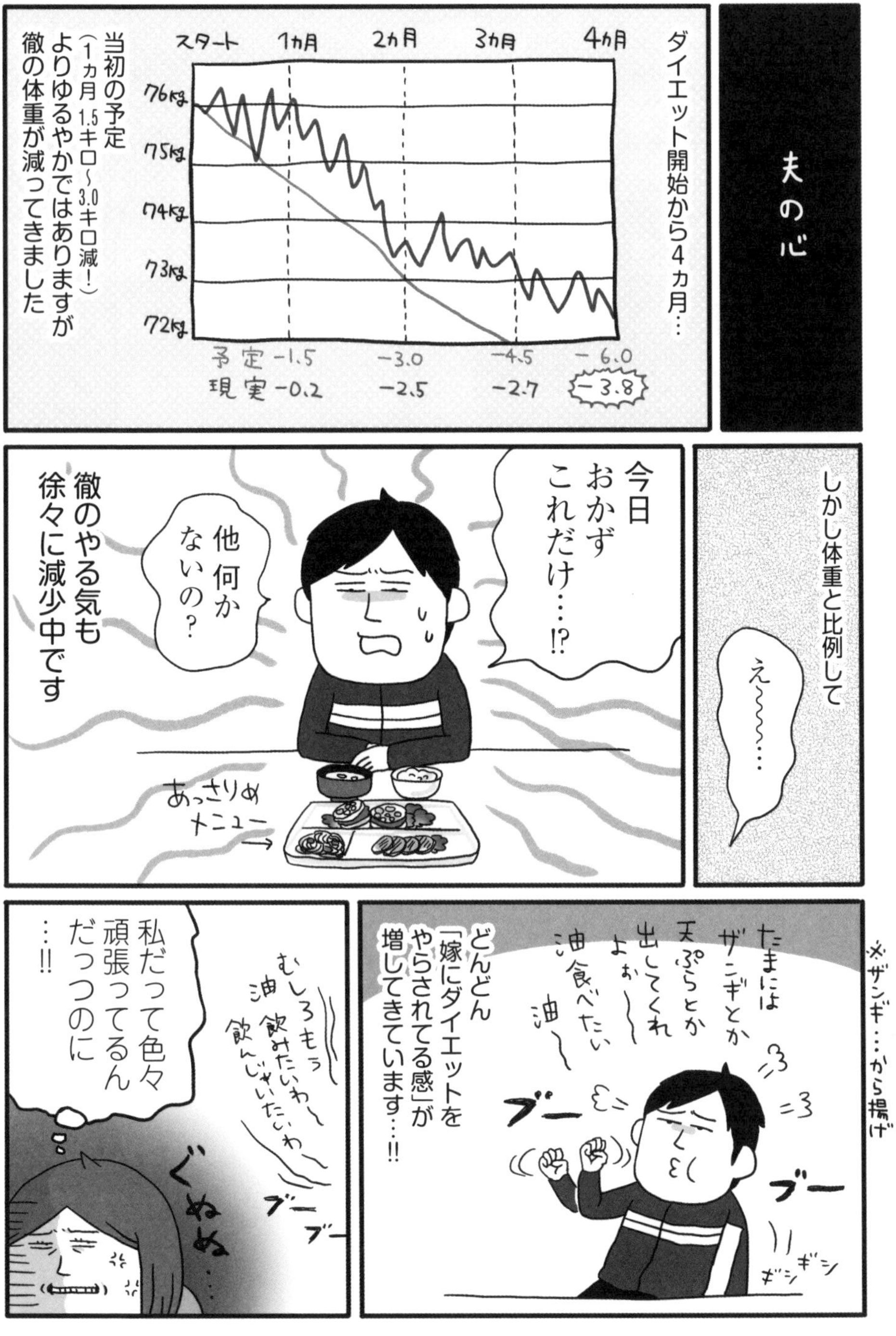
夫の心
ダイエット開始から4カ月…
スタート
1カ月
2カ月
3カ月
4カ月
76kg
75kg
74kg
73kg
72kg
予定 −1.5 −3.0 −4.5 −6.0
現実 −0.2 −2.5 −2.7 −3.8
当初の予定
（1カ月 1.5キロ〜3.0キロ減！）
よりゆるやかではありますが
徹の体重が減ってきました
しかし体重と比例して
え〜〜〜……
今日 おかず これだけ…!?
他何か ないの？
あっさりめ メニュー
徹のやる気も 徐々に減少中です
たまには ザンギとか 天ぷらとか 出してくれ よぉ〜
油食べたい 油〜
ブー
ブー
ギシ ギシ
どんどん 「嫁にダイエットをやらされてる感」が 増してきています…!!
※ザンギ…から揚げ
私だって色々 頑張ってるん だっつのに …!!
むしろもう 油 飲みたいわ〜 飲んじゃいたいわ
ブー
ブー
ぐぬぬ…

文句を言ってやりたいところだけど更にやる気無くされたら困るし…ここはガマン‼
逆にホメてやる気を出させるのよ‼グフフ…
と…徹君…
ゴゴゴ
ゴゴゴ
せ〜っかく(約)4キロもやせたのに
今好き放題食べて元に戻っちゃったらもったいないよ…‼
くるっ
バッ
ホラ‼丸かった肩もちょっと肉とれてきたし‼
……
後ろ姿もイイよ‼細いよ‼ヒュ〜ゥ‼
あ‼お腹もへっこんできてるー‼
きゃい
きゃい
きゃい
何とか言えよぉ〜テレてるのかい？ん？ん？
……
うりぃうりぃ
やかましい
ベシ
ひぃっ‼
…このように私は人をホメるのが恐ろしいほど下手くそです

おかしいなぁ…
夫を手の上で躍らせるような策士になる予定だったんだけどなぁ…
策士予定図
ホホホ…
意のままに踊ってもらいましょう…
どうも心にもない事を言う時うさんくさくなってしまうようです…
次こそはやりすぎず自然な流れでホメてみせる…!!
練習中
アレ? ズボンゆるくなったんじゃない?
お腹スッキリしたねー!!
そして――
よっしゃ!!
ようやく5キロ減ったぞ!!
ジャーン
ピッ
おお～!!
今こそホメる時!! 自然にっ…!!
パチパチ
確かにお腹の肉がすっきりした感じする!!
ぐいぐい
5キロも減ると変わるもんなんだ～!! スゴイなぁ!!
パァァァァァ
ねー徹くん♡
よし完璧…!!
満面の笑み

疑いの眼差し
じーーー…
……
えっ!? アレェ!?
な…なんだい その目は!! 本当にそう思ったから言ったのに!!
ふ〜ん…
じー…
こうして自然にホメる作戦も通じず!!
これは重症ですな……
あ〜あ…
ならば!! 方向を変えるまで…
その後『ホメる一辺倒』から方向を変えてみるも…
励ます作戦
ここ数日停滞ぎみ
とおるの計るだけダイエット
減らないな〜…
まぁまぁ そんなに凹まないで!!
少しずつ減らしていけばいいんだからさ!! 明日からまた頑張ろう!!
ポム
ハァ〜
ガーン
お前がまず頑張れよ!!
全く効果なし…
開始からず〜〜っと停滞中。

気を取り直して…
叱る作戦
ん？
ある日
徹のパソコン付近を
掃除していると…
ズォー
あ〜!?
お菓子の袋を発見
スナック
ゴミ
箱
あんにゃろう…
隠れて
間食するとは
いい度胸だ…
グシャア
コラァー!!!
あんた隠れて
お菓子食べて
るでしょ!!
あ
バレ
た？
プンスカ
どうも最近
やせないと
思ったら…
いやいや
あれ1袋だけだって
たまにはいいだろ〜
ゴゴゴ
お菓子食べてたら
やせる訳ない
じゃん!!
っていうか
隠れて食べるとか
ヒドいよね!!
私だって料理とか
頑張ってるのにさー!!
……
確かに隠れて
食べたのはオレが
悪かったよ…
しゅん…
でもさぁ…
お前も
隠れてお菓子
食ってるよね
大量に…
それは
いいの？
ハハハ…
バレてた？
だってチョコが
おいしい季節
だからつい…
励ます
叱る作戦にも
挑戦してみましたが
自分が人の事言えないので
全く説得力がないのでした…
どうする孔明…!!

心理作戦
すっかり疑われてしまい
もうダメかと
思われましたが…
丁度集まりあるし!!
自分で無理やりホメるより
他の人に自然にホメて
もらった方が良いんじゃないか
という事に気づきました
週末…徹の実家にて
久しぶり〜!
お、来たか!
きゃっ
きゃっ
元気だった〜?
入江家の
皆さんが久々に
集合しました
こんだけいたら誰か徹をホメてくれるよね…
さぁ早く!!
気づいて徹の頑張りに…☆
ドキドキ
…………
やいのやいの
1時間経過—
皆、子供に夢中♡
あ…あれ!?
誰も徹をホメず

おかしい…5キロも減ったら普通(?)にホメてくれると思ってたのに…!!
あれー? 徹君やせた——!?
あ本当だやせたなー!!
いいなーどうやってやせたのー!?
だいぶ体型も戻ったな～
いやぁ…ハハハ…
徹ベタぼめの図
こういうのを期待してたんだけど…!?
——とその時!!
あ そういえば さぁ
徹やせるとか言ってたけどアレどうなったの?
あぁ
キター!!
さすがお義兄さま!! ありがとう…!!
ようやくマイナス5キロまできたよ
5キロ!?
さぁ徹をホメてあげてください…
ウフフ…
じーーー…
……
まじ まじ
本当にやせたの?
全然わかんないけど
?
ガーン
まさかの反応

しかしその反応は皆さん同意見だったらしく…
えっ徹君やせたの？
へえ～？
違いが全くわかんねえな
？
？
？
義姉
義姉
次兄
ほ…ホメてあげてくださいよぉ～!!
うわああん!!
わー!!
いいんだ…オレなんて一生デブキャラなんだ…
モシャモシャ
5キロ減ったぐらいじゃ見た目そんなに変わらないようです…
帰宅後…
徹君…皆はああ言ってたけど…
私には違いわかるよ…だってお腹とかガリガリだもん!!
だからこれからも頑張ろうネ!!
……
さてゲームでもすっかな～…
シカト!!
ますます悪化しました
徹 71kg

精神科医　名越康文先生に聞きました！

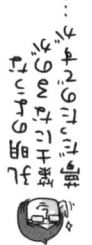

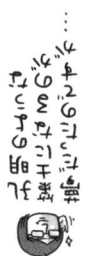

どうしたら夫をやる気にさせられるでしょうか？

ここまでなんとか夫をホメたり、励ましたりといろいろやってきましたが、どうもうまくいきません。何がいけないんでしょうか……？　教えてください、名越先生！

私、ホメ方が下手なんです。どうしたらいいでしょう？

男の人はシンプルですからね、本来はホメられるとうれしいんですよ。ホメる＝「あなたに関心をもっていますよ」、のメッセージなんです。

あなたもちゃんとダンナさんに関心をもってほめていますよ。立派、立派。

で、でも、夫にホメ方がうそっぽいと、疑われるんです。

それは、簡単！　あなた、本心じゃないから。ふふふ。

わ〜〜すご〜〜い♡
チッ

孔明のような策士になるのが夢だったのですが…

おかしいなぁ…夫を手の上で躍らせるような策士になる予定だったんだけどなぁ…
ホホホ…
意のままに踊ってもらいましょう…
策士予定図
どうも心にもない事を言う時うさんくさくなってしまうようです…

Dr. 名越康文
精神科医。テレビや雑誌でも鋭いズバリ！な回答を出す。素顔はとても優しいDr.

みてみて、あなたを支配するよ～、あなたを私の思いのままに～って言ってますよね。

ほら「もっと相手にやせさせたいからホメよう」と思っているでしょう？　これじゃ、子供だって見抜いちゃいますよ。本心を隠すとだめなんですね。『人をホメたり励ましたりするには本心』で、ここ当たりまえですがポイントです。

でもね、ここでは、**ホメる、ホメない、というのは大きな問題ではないんですよ。**そうして、このままだとね、そうだなー、２週間くらいで徹さんダイエット失敗しちゃうかな。奥さんは本心ではないから罪悪感がいっぱいになるし。徹さんは、やらされ感がいっぱいになるし。

ど、どうすれば？

ホラ!! 丸かった肩もちょっと肉とれてきたし!!
後ろ姿もイイよ!! 細いよ!! ヒュ～ゥ!!
きゃい
……
きゃい
あ!! お腹もへっこんできてるー!!
きゃい

『男の人はホメに弱いゾ♡』…って雑誌に書いてあったのに!!

精神科医　名越康文先生に聞きました！

ダイエットを成功させるための夫婦で大切なこと

ホメる、ホメないより大切なことがあるんです。
ほら、今までのマンガを見ても問題がたーくさん詰まっています。
ふふふ。これから、どうしたら良いかを順番に話していきますね。

Step 1
夫にダイエットする十分な動機づけがあったか？を考える

これはね、ダイエットスタートの時にやっておくことです。夫が自分のためにやせる、という十分な動機が必要なんです。で、「僕は気持ちが弱いから君も手伝ってね」と。ここの動機づけが弱いと、「誰かのためにやらされている」という気持ちでスタートすることになります。それでは、2週間しか続かないですね。うまくダイエットできたとしても、リバウンドしてしまいます。夫は自分の課題だとわかる、妻も夫の課題だとわかる、ここが第一段階です。

Step 2
妻がなぜやせさせたいか、を考える

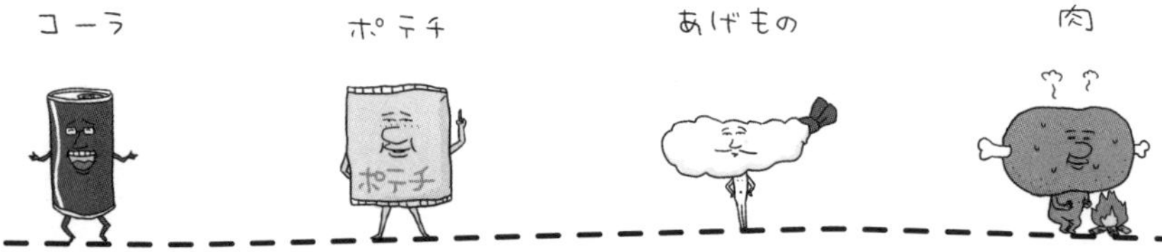

Step 3

夫の体のことを考えると、やせてもらいたいですよね。そうですよね、わかります。でも、本当にそれだけですか？　夫の問題になぜ首を突っ込みたくなっているか？　そこをよく自問自答します。理由はひとつだけとは、限りません。

このことを、話し合う

正しくは、「話し合うかどうかを考える」です。話し合ってもいいし、話し合わなくてもいい。妻として聞いてもらいたいことがたくさんあるのだったら、思いを聞いてもらうのもいいですね。その場合は、言い方に気をつけましょう。攻めるのではなく、愛情を持って話す。

夫の問題になぜ首を突っ込みたくなっているか？　私の気持ちを愛情を持って話す。これですね。

兄
私には年が9つ離れた兄がいます…
184cm
172cm
175cm
その兄は若干肥えています…
ムッ
これは筋肉だ!!
腹出てるぞー
シュン
ボウーン
が、認めようとしません
ワインと料理作るのが大好きで…
ウィー☆
どっかの国の料理(自作)
勝手に仏だんのお菓子を食べ母に怒られ…
今日お寺さん来るのに!!
スッカラカーン
ハイハイ…
夜中に起きてきたと思ったらようかんをバー食いする…
モニャモニャ
エエエエエ
←帰省中
そんな問題児です
ある日…
いよう元気か~
おう元気だよ~ 兄ちゃんは最近どうだい?
マンガ
オレか… オレは最近
ダイエット始めたよ…
えっ? 兄ちゃんが!?
あれだけ自分の腹は筋肉なんだと言いはっていた兄がダイエットすると言い出したのです…!!
なんしたの… 何かあったのかい!?
ああ…

この前体重計ったら…100キロ行きそうだったんだよ…
ガーン!!
さすがにまずいと思ってな…
98.5
ひゃ…100kg…!?
0.1トンはさすがにヤバイよね…頑張れっ!! 応援してるぞ!!
×10
=
1トントラック
その表現はやめろ!!
——と兄のダイエットが始まってしばらくして——
徹もダイエットを始めた頃兄がはるばる遊びに来ました
(車で6〜7時間かかります)
いよぅ久しぶり〜
いらっしゃーい
ホレみやげだ
わーいありがとう!
おみやげ何かな〜っ
わくわく
袋の中身は——…
ジャーン
大量の粉とうがらし
ものすごく
辛い
ものすごく辛いラーメン
辛いので有名なラーメン
何だこりゃー!!
徹くんもダイエット始めたって聞いてな
ダイエットにはカプサイシンがいいぞ!!
辛いもの大好き
なるほどありがとう…
心強い(?)ダイエット仲間ができました

その後兄はヘルシーな羊肉料理を作ってくれたり
有酸素運動がなんたらかんたら
野菜がなんたらかんたら
おいしい!!(兄作)
……
ダイエット知識を教えてくれました
言うか言うまいか悩んだのですが…
そんだけ知識あって料理もできたらすぐやせそうなのに…これで食べる量を人並みにしたら絶対すぐやせると思うんだけど!!
思いきって言ってみたところ…
徹くんは最近仕事忙しいのかい?
スルーされました
無視!!?
翌日
何だコリャァァ
わぁ何だどうした!!
今まで減らした体重が元に戻っちまった……
ずーーーん…
+2kg
…まぁあんだけ飲み食いしたらそりゃ肥えるだろうよ…
最終的には人の家の体重計にイチャモンつけて帰っていきました
この体重計おかしいんじゃないか?
故障だ故障
正常だよ!!
がんばれ兄!! 現実を見ろ兄!!
大人気の無い36キ
そんな兄でしたが2~3ヵ月後には…
5キロ落としたぞ!!
おぉー!!
義兄弟仲良くやせていってください!!

第6章

その後の体重

徹はやる気なし、

体重は何をやっても減らず停滞気味!!

私もいよいよ

心が折れそうになってまいりました!!

このまま軽肥満で

終わってしまうのでしょうか……!

変化のきざし
ダイエット開始から6ヵ月…少しずつ体重は減ってきているものの、何だか停滞気味な徹——
ハァ…
今日もまたひもじいメシかァ…
ヘルシーメニュー♡
相変わらず「やらされている感」全開です
君の健康のためだよ!! 文句言わずに食べなさい!!
油——
肉——
ブーブー
あ〜やかましい
もう心理作戦はあきらめた
…と今までは文句を言われても心を鬼にしてダイエットメニューをつらぬいていたのですが…
今日はいつもよりおかずの量少なめだし明日の朝こそ減ってるハズ!!
よし…!!
しかし次の日効果見られず!!
今日も全然減ってない…!!
絶賛停滞中!!
徹の計るだけダイエット
ずうううん
久絵の心に50のダメージ!!!
頑張ってるのに結果が出ない日々が続いていました
そんなある日——…
ハイッゴハンだよー今日も頑張ろう
……

いつもは憎たらしい感じで文句を言う徹が…
たまには…
何か好きなもの食べたいなぁ…
ポツリ…
とす
つうこんのいちげき!!
ギャ
ヒサエの良心に500のダメージ
力なくそんな事をつぶやいたものだから大ダメージを負いました
わ…私は徹の健康のためだと思って…!! いや…私の勝手な思いで徹を苦しめているだけなのでは…!?
しゅん…
その照明のせいでますます悲しく見えちゃうよおぉ…!!
うわあああ
30のダメージ
25のダメージ
40のダメージ
それからというもの…
今日の夜会社の同期と飲み会だから〜
飲み会!?
ダイエット中なんだからあんまし飲んじゃ…
ハッ!!

夫の飲み会に「楽しんでおいで」って気持ち良く送り出せないなんて…すごく嫌な嫁なのでは…!?
ガッ
うわぁぁ~
心に180のダメージ(自爆)
いってきまーす…
なんなんだ…
=3
別の日…
徹の実家
ごはんできたよ~
おいしそー♡
うまそー♡
徹の好きそうなのたくさん♡
おいしそうだけどわかってるよね!! 控えめにね!!
今日ぐらい食べたっていいだろ~!!
コソコソ
と文句を言いつつも控えめにする徹…
あら もういいの?
えっ
ごちそうさま~
ダイエット中なばっかりに久々の母の手料理も満足に食べさせてあげられないなんて…徹もお義母さんもゴメンなさい…
今まで鬼にしてきた心が崩れかけ必要以上に(?)ダメージを受けるようになってしまいました…!!
ボー
おうおう
お~う
心に220のダメージ!!
そして…
スタート時より -5.5kg
徹の計るだけダイエット
……

とりあえず5キロは
やせたんだし…
もういいかなぁ…？
好きなもの
食べさせてあげれば
お互い幸せになれるん
じゃないかな…
エヘヘ…
ヒサエ
心：2/1000
ひんし
心が折れる寸前まで行った頃…
ん…？
おっ!!
ついに
60キロ台まで
来たぞ!!
停滞していた
体重がついに
60キロ台に!!
69.8kg
スタート時から
−6.2kg
おぉ〜!!
60キロ台まで
よく頑張ったよ…
ここまでやったら
もう解放して
あげても
いいよね…
フフ…
と勝手に思ってたら
何故か急に
徹がやる気に!!?
よし
このまま
65キロまで
サクッと減ら
してやるぜ!!
キリッ
えっ
徹の体重や
いかに!!

徹の変化
70キロを切ってからというもの
徹の様子がおかしいです
どうおかしいかと言いますと…
ガチャ
ん? まさか 間食 する気!?
ハッ
変化① 水を自分から進んで飲むようになった
フン フ〜ン
炭酸水
酢
えー!! めずらしい!!
自分で飲みもの 作るなんて めずらしい ね〜♡ えらいね〜 ♡
ウフフ
……
フッ
何だその笑みは…
不敵な…
今まで私からすすめて 飲む事が多かったのに 自ら!! しかも自分で入れて!! 飲むようになったのです…!!
まだあるんです!!
今日から徹は 1カ月弁当 かぁ… 何作ろう…
ハァ…
基本お昼は家で食べるんですが 忙しい時期になるとお弁当になります
65キロになるって 言ってることだし お弁当もヘルシーに!! 野菜多めに!! あとはチクワ 入れとけば 何とかなるだろう…
わっせ わっせ

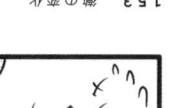

徹帰宅
ただいま
おかえりー
どうだった
弁当は!!
肉っ気
なさすぎて
あれじゃ
体力が夜まで
持たないよ…
本日のメニュー
・かぼちゃ煮たの
・チキチ●ボーン2本
・ポテトサラダ
・ちくわ
・ミニトマト
ランチ
ジャー
おかず
ごはん
みそ汁
え～？
肉入れたし(少々)
65キロになるって
いうからヘルシーに
仕上げたんですけど
頼む!!
夕飯
控えめに
するから
昼はオレの
好きなもの
食わせて
くれ!!
どん
変化②
自分で
ダイエット
方法を提案
してきた
え～…
そんな事
言って
夜ガマン
できるの～？
不安だなぁ…
大丈夫
だって!!
さぁおかず
買いに
行こう!!
そして━…
何が
いっか
な～
手作り
には全く
期待して
ないってか…？
わくわく
冷凍食品コーナー
コレを
弁当に入れ
てくれ!!
徹が食べたい
お弁当のおかず♡
肉と
揚げもの
ひとくち
トンカツ
肉巻き
ポテト
ウインナー
カニクリーム
コロッケ♡
ハンバーグ
ちょっと～
このライン
ナップはダメ
でしょ!!

昼で満足できれば夜食べないって!! 明日から頼むぞ!!
大丈夫!!
不安だ…
翌日
これで夜も普通に食べたら絶対太るよな〜…
トンカツ(冷凍)
ミニトマト
シュウマイ(冷凍)
ウインナー
きんぴらごぼう(手作り)
おかず
茶色い弁当♡
でもほぼ冷凍食品でスゴク…楽です…
エヘヘ…
夜—
いや——今日の弁当は素晴らしかった!! 明日からもずっとアレでたのむ!!
お おう…
イキ イキ
弁当
じゃあ夕飯は約束どおり控えめに…って
えっ!?
さてと…
ピ
69.9キロか〜朝より400グラムも増えてるな… やっぱりガッツリ食べたら増えるんだなー
ウ——ム…
ということだからいつもの半分ぐらいに盛ってくれ!!
キリリッ!
う…うん…
変化③ 夕飯前に体重を計り、その結果によって夕飯の量を調節し始めた

ちょびっ……
おかずもごはんも少なくしたけど…絶対足りないだろコレ…
そして…
どうだい…足りたかい？
さすがに足りないけどまぁ我慢するしかないよね…
この後 間食もせずちゃんと我慢しておりました…エライ!!
また別の日…徹が焼肉の日だったんですが…
ただいま～
ウ～イ
おかえり～今日は体重ヤバイんじゃな～い？
いいなぁ焼肉…
いや意外とイケるハズ…
ドキドキ
よーしちょっとしか増えてない!!
よしっ!!
変化④ 飲み会があっても体重があまり増えない
えっなんで!? 焼肉なのに!?
ビール２杯しか飲んでないし肉もそんなに食べなかったからね!!
ガマンした!!
えー!?

ねっねえ…どうしちゃったの!? なんで急にそんなにヤル気なの…!?
ん〜?
何か怖いよ…!!
70キロ切る前さー半月くらい全然やせなかったじゃん
減ったと思ったらすぐ増えたり
徹の計るだけダ
71kg
70kg
69kg
大荒れ!!
あ〜何か荒ぶってたよねグラフ…
正直あの頃は頑張ってるハズなのにやせなくてもうやめたいと思ってたんだけど…
減らねえ…
くら
ずーん
ようやく体重減り出して嬉しかったのと
何より60キロ台になったのはデカイ!!
※イメージです
60kg台の自分
70kg台の自分
絶対70キロ台に戻りたくないしこのまま65キロ行っちゃおうと思って!!
おお〜!!
ヤル気になってくれて良かったなァ…でもそのヤル気をもっと早く出してくれたら心に傷を負わずに済んだんだけどなー
そっかぁ頑張ってね☆
オウまかしとけ!!
文句ブーブー言われてもダイエット続けてて良かったなぁと思った瞬間でした…
ヒサエの心が全回復した!!

妻のまとめ

徹の変化

徹の体重グラフ
76kg
70kg
65kg
開始
約6ヶ月
予定よりとってもゆるやか〜に減る
ついに70kgを切る!!
減らなくて大荒れ
?

もう、あきらめちゃおっかな…なんて状況でしたが、

体重が７０キロ切ったのをきっかけに、

自主的にイキイキとダイエットに取り組み出した徹。（まるで別人！）

気持ち的に、７０キロ台（デブ）から６０キロ台（標準）に

なったのがすごく大きかったみたいです。

- 「短期間で一気に減っちゃった☆」
  なんて事はまず無い！！
- 時には停滞したり、逆に増えたりしながら
  少しずつ減っていく！！
- あまり期待しすぎるのも
  精神的によろしくない！！
- ダイエットはとにかく忍耐が必要だ！！

という事を思い知らされました。

今日も頑張るぞ♡

ついに…
本気出した徹の体重は…
おやつを
食べるのに時間の
かかるおつまみ系
にした徹
モギュ
モギュ
あたりめ
徹の体重とやる気の変化
イメージ図
のろのろ〜…
ウオオオオオオオ
急激に減っていきました
やらされてる感
たっぷり期
本気期
どれぐらい急激かというと
アラ大変…
書けなくなっちゃった
困っちゃうな〜
ヘッヘッヘ…
なんと
下限超え!!
徹の計るだけダイエット
ええええ
1カ月に約3キロ減っても
大丈夫なように作られている
「計るだけダイエット」の表から
ハミ出る程です!!
さすがに心配になり
ね、ねぇ…
減るのは
素晴らしいけど
一気に減らすと
リバウンド
しちゃうよ!?
ホラ
ホラ…
注意! リバウンドの恐怖
えー?
ペースダウンをすすめるも…
大丈夫
だって!
オレはこのまま
一気に
65キロまで
減らすぞ!!
ハハハハ…
あっ…
全く聞いてくれず

しまいには
今日は昼
食べすぎて
腹いっぱい
だから夜
いらない
とか言いだし
ちゃうし…
キリッ
みそ汁だけでも
食べなよぉ…!!
体重減らす事に
全力を注ぎすぎている
姿を見て
危機感を覚える
事になるなんて
思いもしません
でした
妻が思う
徹の行く末
またグラフ
下にハミ出た
グヘヘ…
も
このまま
だと
こうなるの
では…
もしくは
超リバウンド…
ダイエット
中毒!!
ヒヤヒヤしながら1ヵ月半が経ち
徹の体重は
ついに65.5キロに!!
12/23
65.5kg
よぉおし
コレは
今年中に
65キロ
切るな!!
うっ
うん…
クリスマスは
何のごちそう
出てくんの？
えっ食べる気
あるの!?
そりゃ食べるよ
年に一度の
クリスマスだぞ!!
クリスマスも
ちょっとしか
食べないと思って
たよ…
ちょっと安心したわ…
本気の徹でも
クリスマスは
別らしいです!!
クリスマス当日
さぁ!!
思う存分
食べて
くれ!!
X'mas
だー!!
久々に
飲むぞ
食うぞ
ー!!
ビール
この日徹はめずらしく
食べまくり…
さすがに
食べすぎじゃない？
いいんだよ
今日は!!

一気に約1キロ増(66.6キロ)
ハハハ…まああせらずゆっくり減らしていこうじゃないか
うるせー…2、3日で戻すからいいの!!
ぐぬぬ…
ポム
最近頑張りすぎだしこれを機にゆっくり…なんて思ってました
が、3日後
ウオォー!!
ついに65キロ切ったぞー!!
ふう〜ん
リバウンドしたばっかなのに何言ってんだか…
いやいやマジだって見てよコレ!!
どれどれ?
えっ!!
本当だ!!
64.9kg
……片足で軽くなるように計ったでしょ
こういう…
ピッ
ったくしょうもない…
しねえよ!!
うたぐりぶかい奴だな

じゃあ今もっかい計ってみてよ!! 目の前で!!
おーし見てろよコノヤロー
オラー!!
ピッ
64.9kg
!!!
徹くん…!!!
ホラな…☆
祝・65kg達成!!
(−11.1kg)
こうして——5月14日(76キロ)から始めたダイエットは…
本日12月28日64.9キロでゴールをむかえました!!
やったね!!
あとはリバウンドしないように気をつけるだけだネ!
ウフフ♡
え?
何言ってんの… このまま60キロ行くよ…
フヒヒヒヒ…
ギャー
徹の戦いはまだまだ続くようです…

まわりの反応
76キロから65キロ、
11キロやせた徹は…
ビフォー
フウ
フウ
76kg
約7ヶ月後
アフター
ワーオ!!
65kg
ほうぼうから
ホメられている
らしいです!!
5キロぐらいやせた頃は
無反応
誰も気づいてくれない…
同僚の反応
兄弟の反応
え？やせたの？それで？
へえ―…
ホ…ホラ…君は顔にあんまり出ないタイプだから…
フフッ…フフフッ…
誰も気づいてくれませんでした…しかし
11キロやせた今は!!
11キロ減後の同僚の反応
エへへ…
入江君お尻が小さくなったねー!!
お～たしかに
体重MAX期の思い出♡
ゲッ
ギャー 尻に穴あいてる
ブハハハ
でぬい目がさけた
一度ズボンに穴が開いた事を思うと
素晴らしい進化です!!

親兄弟の反応
わいの
腹がへっこんだな!!
よかっだね～
徹の実家
久絵の実家
スゴーイ
どうやってやせたの!?
ほぉ～
ホラ兄ちゃんも頑張れって…
うるせえ!!
3ヶ月停滞中
お～たしかに細くなった!!
うんうん
お～11キロはスゴイな!!
わいの
もうベタぼめ
そして妻の反応
スーツ復活!!
フッ…
あ～その服好きだった～イイよイイよ～♡
本当に細くなったね～♡
Mサイズ復活!!
心からの讃辞を贈った後…
あ～～～太った時にスーツ買わないどいて良かった～
フ～…
オイ!!
そこかよ!!
うっかり本音をもらしておこられました
いやいやうまくホメられないだけで本当にすごくうれしいんだよ…♡
服はMサイズに戻ったし昔のスーツは着られるし…
……
そして何より健康じゃない♡
なんかうさんくさいんだよなァお前…
そしてお正月
2012

やってきました冬バーゲン!! IN札幌!!
寒いのに元気だね…
買うぞー!!
※前回来た時何も買えなかったので相当気合い入ってます!!
ダイエット成功したことだし今日は好きなアウター買っていいよ…
ウフフ…
マジか!!
某ブランド オシャレ… そして高い
じゃあここ見たい
ゲッ
全力で来たな!!
お!! これかっこいくない!?
あ〜うんいいんじゃない? 羽織ってみなよ
いい値段してるなー
細身ジャケット
ドキドキ
それにしても店員さんもお客さんも皆オシャレだな…
どうぞ〜
そわそわ
※オシャレな人々です
お…おお!
ゴソゴソ

ジャーーン
あ、いいかも
ビシィッ
Mサイズでぴったりですね〜!
!!
ガーン
あれ…あれれ…
徹が向こう側の住人に(オシャレでステキ側)見えるよ…!?
輝いているよ…!!!?
←非オシャレ
それにひきかえ…
ぬぼー……
全くイケてない…!!
赤ら顔 てきとうな化粧
全体的にモッサリ
2〜3年着てるコート&ブーツ
いやあ久々にいい買い物できた!! やせて良かった!!
そいつぁ良かったねえ…
ほくほく♡
某オシャレブランド
シクシク…
こうなったら私もやせ……
るのはちょっとムリだけど…
7カ月全く減ってない
とにかく!!
うわあああん
私も(やせる以外の方法で)ステキな大人女性になってやる———!!!
!?

妻も変身
やせる以外で見た目をなんとかする…
う〜〜ん…
化粧…
やっぱり化粧か…?
化粧しかないか…!!
化粧…かぁ〜…
私は自他共に認める化粧ベタです
ハァ〜…
昔は私も化粧品の口コミサイトとか見て良さげなコスメをそろえてみたりしてたんですが…
○○○○年ベストコスメ!!
キャー♡
殿堂入り!!
そのコスメを駆使した結果が毎回こうなので
怖いよ…
バッチリメイク(のつもり)
OR
え? スッピンでしょ?
ナチュラルメイク(のつもり)
さじ加減が全くわからん…
すっかり自信とやる気を失ってしまったのです!!
どうすれば化粧がうまくなるか…
私は悩みました…
こうなったらすんごい高級なファンデでも買うか…
いや使いこなせないだろうな〜…
そんな時すごい動画を発見したのです
ん? 話題の化粧動画?
ギシ ギシ
そこにうつっていたのは
こんにちは〜
ちょっぴり地味めな顔立ちの女性でした

約30分…みるみるうちにおめめぱっちりのかわい子ちゃんになってしまったじゃありませんか…
ササ ササササ…
つけまつげとアイプチ？
ササササ…
ハイライトとかシャドーとか？
ジャーン
す…すんげー――!!
化粧で人はこんなに変われるものなのか…!!
私もちゃんと化粧すればこんな風になれるかも!?
きゃるーん
早速動画のマネしながら化粧してみたところ…
コ…コラかな!?
つけまつげ買ってきた
人生で一番濃ゆい顔ができあがりました
……
閣下…？

いつもなら
ここで「やっぱムリだ」と
挫折していましたが…
バシャバシャ
ゴシ
今度ばかりは
バッ
あきらめない!!
どんな手を使ってでも化粧をどうにかする!!
ということで友人に教えてもらいに来ました
先生!! よろしくお願いします!!
バッ
今回ばかりは本気なんです!!
ノート
教えるのはいいけど私も普通だからね!? 自己流だからね!!
化粧が上手!! と私が勝手に思っている友人 みはるちゃん
んじゃまぁベースからいきますか
ハイ!!
さすが先生 下地からしてかわいいね…
普通の下地とニキビとクマ隠す用のコンシーラーねー
某すてきメーカーのカワイイやつ♡
ひさえの下地は?
わ、私のは… 5年ぐらい前に買ったやつです…
そっ…
ベース
↑昔あったメーカー
5年!?
新しいの買いなよ!!

化粧品ってくさるのかな？全然減らなくてさー…
他のもちょっと古いんだけど…
化粧技術うんぬん以前の問題だよ もう…
マスカラ3年もの
アイシャドー4年もの
ファンデ2年もの
フェイスカラー7年もの
後で調べてみたところ 3年を目安に使いきった方が…とのことでした!!
今まで「てきとうに顔にぬる!!」という頭しかなかったのが「効果的にぬる方法」や「こんなぬり方をするとイメージが変わる」等々コツやポイントを教えてもらい終始目からウロコ状態でした…!!
顔の外側はのばす感じでやると自然にみえるよ～
な…なるほど～!!
はい完成!!
きちんっ!!
アラマァ!!
街で見かけるお姉さんのようなきちんと化粧しました☆という顔に!!
ありがとう先生…！これからはちゃんと化粧を頑張っていこうと思います!!
うんあとは慣れだよ慣れ！頑張って!! それと古い化粧品は買いかえるんだよ…!!
そして夜…
ただいま～
あれ？
何か顔がいつもと違う？
今日みはるに化粧教えてもらってきたんだ！
ど…どうかしら…

いつもの化粧より断然きちんとして見えるよ!!
いいよいいよ!!
エヘヘヘヘ♡
珍しくホメられました!!
化粧を学びホメられるとモチベーションがぐんと上がり化粧が楽しくできるようになりました!
さ～て今日もメイクア～ップ…
ん?
その結果、自分の顔と向き合う時間が増えたせいか肌の劣化に気づいちゃいました
あれ!?こんなにヒドかったっけ!?
クマ
目元の小ジワ
そばかす
ほおの毛穴
イチゴ鼻
ほうれい線
ふきでもの
アゴ
※リアル
そういえばここ数年スキンケアもてきとうだったもんな…
ビシャ
①化粧水
ぬりー
②乳液
完
全工程約1分
このままだとこうなる…
外
ウフッ
家
シワァ～…
アワワワワ…
というわけで…目指せ!!すっぴんでも美肌妻!!
薄化粧でも何だかステキ
理想
※パック中につき無表情ですが やる気です
これからは化粧もスキンケアもきちんとやっていこうと思います!!

激動のダイエット史

（文・入江 徹）

初期（76〜74kg）

・簡単に減るから楽しい。

・ごはんも体重が減る分ガマンできる（おいしくはない）。

・正直この頃は余裕だと思ってた。

・うんこ出ない。

・結構ドカ食いしてしまう（麺類とか）。

中期（73〜70kg）

・減らない……。

・減らない分、ごはんにも不満。

・かといって運動もいやだ。

・グラフとかやりたくない。

・全体的に無気力。

・仕事の忙しさもあり、ちょっと不規則。

・この頃から食事量は減ってる（胃が小さくなった？）。

後期（69kg〜）

・70キロを切り、再び減るのが楽しくなる。

・意識的に炭水化物や油ものを減らす（特に飲み会とか注意！！）。

・ごはんに慣れる（不満はややある）。

・食べ物のカロリー欄を見るようになった。

・揚げないポテチおいしかった。

・水分をたくさん取るとうんこ出る。

・服に余裕が出てくるのが一番のモチベーションアップ。

おわりに
11キロのダイエットに成功して1カ月半…
12月
1月
2月〜
達成!
年末年始で約2kg増し
65kgに戻す
キープ中!
フフ〜ン…
おお〜
パチパチ
徹 標準体重キープ中です!!
いや〜一時はどうなるかと思ったけどやせたねー!!やせたし何か変わったよね!
あ〜全然量を食べられなくなったね 胃が小さくなったのかな?
見た目はもちろんだけど
あー確かに…回転寿司とか前はもっと食べてたよね!
前は2人で20皿はいってたのに今じゃ10皿ちょいぐらいだもんなぁ
ふ〜 おなかいっぱい
えっもういいの!?
安上がりだな♡
キーープ!!
あと、体重をコントロールできるようになった…!?正月太りもすぐ戻してたし…
体重つけるのもすっかり習慣になったしなぁ キープするだけならそんなに苦じゃないんだよな
ピッ
ほんっと色々大変だったけどやせて、キープできるようになって良かったね…!!
こんなに立派になって…
まぁね…やればできる男だからな!!
フフーン
…それは…?やせられたのは!?何のおかげ!?
じりじり
う〜ん…
もちろんお前のおかげだよ!!
ありがとう…♡
そ…そんなぁ

キリッ
俺の鋼の精神力のおかげかな……
そこは…そこはウソでも『お前のおかげさ!!』とかさ~…
たまに料理サボったけどさぁ…
ブツブツ
まぁまぁ…ホラいいものあげるから
こ…これは…
キャー!!
しかも3本も!!
欲しかったゲーム!!
ところであと200グラムでお前より軽くなるけど…
もう~!! 徹ったら素直じゃないんだからぁ
アリガト…♡
とおるの
ひさえの
お前…ヤバくね? 女として…
……マジ?
マジ。
というわけで今後もステキな2人を目指してますます切磋琢磨していきたいです!!
そろそろ本気でやせるぞ…
次は筋肉かな♡
ジョニデ＆マリナ♡
おわり♡

228日間の記録

停滞　気味
10月下旬
誰にもホメられない
11/6(69.8kg)
カチッ
60kg台になり本気モード突入
10月～11月
ガーン
しゅん…
徹のやる気と久絵の良心がピンチ!!
12/28(64.9kg)
ついに目標達成!!
9/3
9/17
10/1
10/15
10/29
11/12
11/26
12/10
12/24

徹が頑張った!!!

76kg
75kg
74kg
73kg
72kg
71kg
70kg
69kg
68kg
67kg
66kg
65kg
5/14
5/28
6/11
6/25
7/9
7/23
8/6
8/20
ゆるやか〜
5/14(76kg)
目指せ65kg!!
ダイエットスタート
6〜9月
シュシュシュッッッ
頑張ってるものの、予定通りに減らない…
9/25
ポテチ
徹、隠れてポテチ食う

お世話になりました！

『ＮＨＫためしてガッテン流　死なないぞダイエット』北折一
ためしてガッテンの科学的な簡単ダイエット法。男性向けに書かれた
根拠ばっちり、やり方納得の「う〜ん、ガッテン！」の一冊。
http://www.mediafactory.co.jp/final-diet/

精神科医　名越康文先生
精神科医というフィールドを越えて、テレビ・雑誌・ラジオ等のメディアで活躍。
優しく、鋭い先生。著書に『心がフッと軽くなる「瞬間の心理学」』、『毎日トクしている人の秘密』など。

参考・参照

『男のごちそう スチームレシピ』shigeko（徳間書店）
簡単でおいしい料理がいっぱいでした！

『シリコンスチームなべつき 使いこなしレシピBOOK2』Comoブックス（主婦の友社）
シリコンのすごさを知った一冊です。

『「排便力」をつけて便秘を治す本―専門医が教える「便意リハビリ」』松生恒夫（マキノ出版）
便秘を真剣に学ぶことができました。

『ゆっくり発酵スコーンとざっくりビスコッティ』高橋 雅子（PARCO出版）
おいしいビスコッティが作れました！オススメです。

オススメサイト

「ドライフルーツビスコッティ」「紅茶香る♪ 全粒粉おからビスコッティ」
→ クックパッド　http://cookpad.com/

久絵と徹の夫婦でダイエット

夫をやせさせる本

2012年7月6日　初版第1刷発行

著者　入江久絵
発行者　後藤 香
発行所　株式会社 メディアファクトリー
〒150-0002 東京都渋谷区渋谷3-3-5
電話 0570-002-001（カスタマーサポートセンター）

印刷・製本　株式会社光邦
（営業 向本森生・印字 守谷あかね）

ブックデザイン　千葉慈子
編集　後藤 香

ISBN978-4-8401-4625-8 C0077